VIDA, SI TE ENTENDIERA

Chantal Mas Moya

Vida, si te entendiera

Mi experiencia de duelo

URANO
Argentina – Chile – Colombia – España
Estados Unidos – México – Perú – Uruguay

1.ª edición: marzo 2019

Reservados todos los derechos. Queda rigurosamente prohibida, sin la autorización escrita de los titulares del *copyright*, bajo las sanciones establecidas en las leyes, la reproducción parcial o total de esta obra por cualquier medio o procedimiento, incluidos la reprografía y el tratamiento informático, así como la distribución de ejemplares mediante alquiler o préstamo público.

Copyright © 2018 by Chantal Mas Moya
All Rights Reserved

© 2019 *by* Ediciones Urano, S.A.U.
Plaza de los Reyes Magos, 8, piso 1.º C y D – 28007 Madrid
Ediciones Urano México, S.A. de C.V.
Ave. Insurgentes Sur 1722, 3er piso. Col. Florida
Ciudad de México, 01030. México
www.edicionesuranomexico.com

ISBN: 978-607-748-178-2
E-ISBN: 978-607-748-179-9

Fotocomposición: Ediciones Urano, S.A.U.

Impreso por: Litográfica Ingramex, S.A. de C.V.
Centeno 162- I. Col. Granjas Esmeralda. CDMX, 09810.

Impreso en México – *Printed in Mexico*

Índice

Prólogo 11

PARTE I
Una partida:
Lo que se lleva y lo que deja

1. Cuando una noticia transforma tu mundo 15
2. Los pensamientos y los sentimientos 21
3. Enfrentando la nueva realidad 34
4. Los rituales que acompañan a las pérdidas 38
5. La muerte y sus misterios 49
6. Recuerdos que nos teñirán por siempre 56
7. La pérdida y el cambio 60
8. Vivir un duelo 69
9. Liberando el sentimiento 75
10. El acompañamiento de duelo y sus aprendizajes 81
11. Etapas de un duelo 90
12. El tiempo 93
13. Validando lo aprendido 98
14. Cuestionando mi existencia 103
15. Complicaciones de un duelo 109
16. Mis aprendizajes 112

PARTE II
Poemas y escritos

LA OSCURA Y NEGRA NOCHE. 123

EL VÉRTIGO MILAGROSO DE EXISTIR. 124

DÓNDE ESTÁS. 126

NO IMPORTA. 128

AYER HOY MAÑANA 130

SE PUEDE... 132

DESPUÉS DE UN RATO 134

HOY BRINDO. 136

A TI. 138

LA SOLEDAD 140

PIÉNSAME HOY. 142

HAY DÍAS 144

SABES... 146

VIDA 148

UN INSTANTE DE FE 150

CONVERSACIÓN CON UN «LUCERO» 151

TIEMPO 152

ENTONCES QUIZÁS. 154

GRACIAS. 156

PERDONAR. Recopilación de lo que he aprendido sobre el perdón . 159

Epílogo 163

Agradecimientos 167

Datos de contacto 173

Para Nadine,
que con su muerte me ayudó
a entender un poco más la vida.

Para Juan Pablo y Mariana,
mi constante fuente de inspiración
y aprendizaje.

Y para todo aquel que esté
pasando por un duelo.

Prólogo

Esto no es un libro sobre la muerte. Es un libro sobre la vida.

El proceso de duelo suele ser algo completamente nuevo si nunca se ha vivido, y a la vez es muy fuerte y devastador; por lo que tener información relevante de lo que uno está viviendo, sintiendo y pasando puede ser muy conveniente y esclarecedor, y hacer la diferencia para salir adelante más rápido y mejor.

A raíz de que murió mi hermana, en 1997, escribí una serie de poemas para tratar de explicarme lo que estaba viviendo. Cinco años después de esta pérdida, me preparé para acompañar duelos por lo que tengo ya muchos años de experiencia dando dichos acompañamientos, así como cursos sobre pérdidas y el perdón.

A pesar de ser de gran utilidad una terapia para entender el duro proceso de una pérdida cercana —que trae consigo cantidad de emociones y dudas—, me di cuenta de que hay muchas personas que nunca irían a un acompañamiento, pero que sí leerían un libro sobre el duelo.

Fue por esto que decidí escribir este libro. Para hacerlo más empático, atractivo y, a la vez, diferente a muchos otros libros de tanatología que ya existen, opté por contar mi propia historia, entremezclando la parte psicológica que es más árida con toda la vivencia de la pérdida de mi hermana. De esta manera, la lectura se hace más ligera y se entiende mejor cómo vivir la muerte de un ser querido de forma más sana, consciente y encontrando detrás el aprendizaje que conlleva.

Este libro es una ayuda, pues contiene algunas pautas de cómo trabajar un duelo; es una narración de un fragmento autobiográfico aderezado con los poemas que escribí entonces; y es un intento personal de buscarle sentido a la vida a través de la muerte.

Mucho de lo que aquí expreso lo he aprendido en el Centro de Curación de Actitudes (Cecura) donde recibí y ahora doy acompañamientos de duelo.

Evidentemente se dejan entrever mis creencias, aunque traté de no ahondar mucho en ellas para hacer de estas letras algo más amplio, sin embargo, uno no puede evitar plasmarse al escribir algo tan personal.

Sin más afán que el de tratar de entender lo que viví mientras lo iba plasmando en el papel, de compartirlo y tal vez de ser útil, es que fueron escritas estas líneas.

PARTE I

Una partida: Lo que se lleva y lo que deja

1
Cuando una noticia transforma tu mundo

No era un día como cualquier otro porque estaba de vacaciones en el hermoso pueblo de Chichicastenango, en Guatemala, pero estaba muy lejos de pensar que sería el día en que cambiaría mi existencia, que la vida como hasta entonces la conocía nunca volvería a ser igual, que a partir de ese momento no habría un punto de retorno, sino un nuevo e inesperado camino completamente diferente del cual poco o nada conocía, y por más imaginación que me hubiera empeñado en echar a volar, nunca hubiera dado con la cantidad de ramas, de aristas, de bifurcaciones y de abismos que estaba a un paso de experimentar, porque la muerte de un ser querido, muy querido, eso es, es demasiado de todo, y uno simplemente no sabe cómo abordarla, abruma hasta lo más hondo y cala todo el sentir sin consideraciones ni paliativos.

Era viernes santo y Chichicastenango hacía gala de una inigualable fiesta de colores. Las calles estaban llenas de hermosos tapetes de pétalos de flores y aserrín, que formaban armoniosos dibujos; imposible no embelesarse con cada uno de esos sueños plasmados en el piso y todo tan efímero como la vida misma, hechos solo para que la procesión pasara por encima, con toda la carga de la tradición. Yo no paraba de tomar fotografías de las mujeres con sus vestidos tejidos, bordados, explotando en luminosidad en todas las tonalidades y la gente, esa gente que regalaba sonrisas como quien sabe que es el mejor ofrecimiento que puede otorgarse en la vida. Desde el balcón del hotel habíamos apreciado la peregrinación entera, el humo del incienso, la caja fúnebre pasando, la gente andando a paso cansino pero sin tregua, y los niños sonriendo al sol, al día festivo, a mí en el balcón.

Estaba con Xavier, mi primo; Irma, su novia y Pierre, un amigo de ellos que justo terminando la romería fue a llamar por teléfono. En ese tiempo ni celulares, ni mensajes, ni nada por el estilo gobernaba nuestras vidas, solo el teléfono común y corriente, aquel que no sabe más que mandar una voz de ida y vuelta. Fue entonces que Pierre regresó de su llamada con un extraño mensaje para mí: «Chantal, que llames a tu casa porque le pasó algo a una de tus hermanas».

Él hasta ese momento no sabía ni que tenía hermanas, así que si se habían tomado la molestia de dejarle en su oficina un recado para mí, estuve segura en ese instante de que se trataba de algo muy, muy grave. Una parte de mí lo supo, una de mis dos tan queridas hermanas muy probablemente había muerto. ¿Cuál de las dos?, preguntó una voz aterrada muy bajito al fondo de mis piensos, la otra parte de mí no se podía permitir pensar eso, ¡no!, pero ahí empezó a flotar la bruma negra en mi mente.

Los momentos que continuaron entre marcar a la operadora y poderme comunicar a mi casa transcurrieron como una angustiosa cámara lenta. Era como caminar en lodo y mirar una terrible tormenta que se avecina, el cielo cada vez más negro; si cerraba los ojos no había manera de no escuchar los truenos de mal agüero en mi cabeza anunciando la debacle; no, no era una pesadilla, todavía no me mojaban las primeras gotas de la ventisca, aún no me había empezado a tocar el agua del dolor, pero yo sabía que era cuestión de instantes para que la tormenta de mi vida me envolviera en su negrura y sacudiera todo mi ser.

No existe una forma agradable de dar una noticia tan terrible como la muerte de alguien querido. Simplemente hay que decírselo a la persona y después validarle todos sus sentimientos, contenerlo, de preferencia abrazarlo y permitirle que llore y diga lo que siente. Estar, acompañar.

Así fue como la voz de mi mamá me arropó en la tempestad… «Nadine tuvo un accidente y se murió, fue el día de tu cumpleaños, ese fue el último regalo que te dejó, pero no te habíamos podido encontrar hasta hoy» (dos días después). Las palabras se me salieron a borbotones: «Mi bebé, mi bebé, mi niña… no lo puedo creer, no lo puedo creer, no lo puedo creer… pero ¿sabes qué? La disfruté muchísimo».

Cuando te dan una noticia así, el mundo, tu mundo, simplemente se desploma…

Silencio

Deja, deja de ser todo lo que era, deja de tener importancia todo, deja de tener sentido todo, deja, te deja en la NADA. Y desde esa nada hay que volver a partir y empezar a reconstruir todo de nuevo.

La ridícula idea de no volver a verte se llama un libro de Rosa Montero, y es que es eso, es el mayor absurdo imaginable: ¿Cómo no voy a volver a ver jamás a esta persona tan cercana, tan querida y tan importante en mi existencia? ¿Cómo? ¡A quién se le puede ocurrir eso! ¡Es verdaderamente una idea ridícula!

Es tan inverosímil que por eso la primera etapa del duelo es la negación: «no lo puedo creer, no puede ser, debe haber un error, estoy soñando, ya me voy a despertar de esta pesadilla, seguro entendí mal»; o simplemente me niego a aceptarlo y hay gente que en esa negación se puede tardar días, meses o, tristemente, años.

Me salí a correr, llevaba huaraches y una falda larga «hippiosa». No podía llorar aún, me sentía flotando en un mal sueño, pero también sentía muchísima adrenalina, y cuando hay exceso de energía hay que dejarla fluir, sacarla. Yo lo hice sin saberlo, sin pensar, por inercia, porque tal vez así me lo exigió mi cuerpo que se sintió a punto de explotar, y corrí y corrí por las calles ya vacías, por los tapetes de pétalos y aserrín ya pisoteados; corrí por los recuerdos de mi hermana, corrí por su nueva ausencia, corrí por el miedo, el terror a afrontar lo que se me venía, la vida sin ella, ¡de ahora en adelante, la vida sin ella! Corrí porque quería estar sola, porque quería no estar, no ser, no sentir, no existir, tampoco pensaba tanto; era algo tan nuevo, tan abrumador, tan crudo y tan seco como un día sin agua, corrí y corrí porque sencillamente no sabía qué hacer.

Sin embargo, la sentía, ahí conmigo estaba mi hermana, tampoco lo pensaba, pero cuando volví al cuarto le decía a mi primo «aquí está» y movía las manos como queriendo tocarla, «aquí está», lo decía con una certeza que a mí misma me sorprendía. Así pasa con los muertos, uno no sabe lo que va a sentir, a vivir, todo es nuevo, extraño. Pero así fue como empecé mi duelo. Más tarde me metí a bañar y, mientras el agua me mojaba y empezaban a invadir mi piel la tristeza, la incomprensión y el miedo, ahora sí con la tormenta encima de mí, solo recuerdo que tenía en mi cabeza un pensamiento: «su muerte me va a ayudar a entender mi vida». Ahora no tengo dudas de que así fue, pero entonces no tenía idea de los abismos tan profundos a los que iba a tener que bajar para comprender, para volver a dar sentido a esa vida, mi vida, que era lo que ahora me quedaba.

2
Los pensamientos y los sentimientos

Una cosa que he aprendido con los años es que el duelo le pega a uno dependiendo del momento de su vida en que esté. Si uno está en paz, lo vivirá con mayor tranquilidad aunque duela igualmente; si uno está mal, enojado, desde ahí partirá para vivirlo. Otra cosa muy importante son esos primeros pensamientos que finalmente le dan dirección a esta nueva etapa que uno está empezando a experimentar. A mí, la muerte de mi hermana me llegó cuando estaba en medio de una crisis existencial, buscando sentido a mi vida, por eso pensé esta frase que marcó mi pauta a seguir:

 Su muerte me va a ayudar a entender mi vida.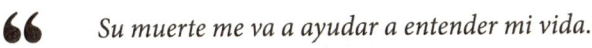

A pesar de mi crisis, había estado en paz porque meditaba mucho, así que ese fue el terreno en donde mi acontecimiento aterrizó. Uno siempre va caminando con sus creencias presentes, su historia bajo el brazo y su momento actual, y eso determina mucho el sentido y la postura que uno toma y de la cual se reviste, para de ahí partir a la nueva vivencia.

Mi mamá tuvo un pensamiento en las primeras horas que también marcó su duelo, era una frase que había escuchado y que en ese momento decidió tomar como punta de lanza para darle sentido a lo que iba a vivir. Ella dijo:

> *No quiero vivir esto desde el miedo, quiero vivirlo desde el amor.*

Esa frase marcó toda su experiencia y cómo la vivió.

> *La energía sigue a los pensamientos, nuestros pensamientos son la materia prima con la que fabricamos nuestra historia.*

Así que las primeras frases en un duelo pueden ser muy importantes, junto con el cómo yo decida que quiero vivirlo. Las palabras en ese momento tienen mucha más fuerza de lo que uno cree. Lo bueno es que siempre podemos cambiar los pensamientos, así que en cualquier momento que decidamos, podemos modificar esas palabras y redirigir un duelo.

Hay gente que dice frases como: «ya nunca volveré a ser feliz», «jamás voy a salir de esto», «me quiero morir», «no voy a poder resistir». En algún momento yo también las dije todas, el problema es seguirlas repitiendo, el problema es aferrarse a ellas, es hacerlas propias, es atesorarlas y no dejarlas ir. Eso es convertir el dolor en sufrimiento.

Cuando yo alimento mi dolor, cuando lo juzgo, cuando me peleo con él, cuando lo reprimo o lo retengo y no lo dejo fluir, cuando no lo acepto, lo convierto en sufrimiento.

El dolor es algo natural en el ser humano y por lo tanto tiene una duración y un final. El sufrimiento, en cambio, lo voy creando con mis hábitos mentales y puede durar indefinidamente. Lo bueno es que yo tengo el poder de transformar esos pensamientos. Se trata de hacerlo sobre todo con aquellos razonamientos que me lastiman. Una de las formas en las que más gastamos energía es a través del rollo mental; parar esos pensamientos desbocados es importantísimo, sobre todo si son recurrentes y nos están haciendo daño.

«Una de las más grandes adicciones, de la que nunca se ha hablado en los libros, porque la gente que es adicta a ello no lo sabe, es la adicción a PENSAR».

Eckhart Tolle[1]

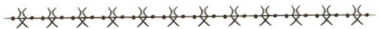

Lo primero que necesitamos es hacernos conscientes de este hecho, entender que nos está afectando y que pensando tampoco estamos resolviendo nada, al contrario, solo nos genera angustia. Finalmente, hay que aquietar la mente a través de la respiración profunda y soltar, dejar de aferrarnos a darle vueltas a esas ideas que nos están quitando paz. Permitirles que pasen sin juzgarlas.

---

1. Tolle, Eckhart. Video en internet:
«https://m.youtube.com/watch?feature=youtube&v=r_MtLQ-sD-E».

Por ejemplo: es muy diferente decir «está lloviendo» a «esta lluvia me está arruinando el día». En la segunda estoy emitiendo un juicio y eso genera una emoción que me quita la paz. «Llueve». Punto, no tengo por qué juzgar a la lluvia ni cómo me va a afectar, ni si me gusta o no. La acepto en el momento presente y eso es todo. Lo mismo ocurre si me caigo, lo mismo si choco el auto o si no me dan el trabajo o lo que sea; si logro no juzgar lo que pasa y solo observo, no me quita la paz. No es fácil, pero intentarlo vale la pena y mientras más lo practique más se volverá parte de mi forma de vivir.

Con los sentimientos es diferente, no los puedo cambiar con la mente como a los pensamientos. Primero hay que identificarlos, nombrarlos, después sentirlos, para finalmente poder dejarlos fluir; no luchar contra ellos y no quererlos modificar. Estos no son ni buenos ni malos, nos han enseñado a juzgarlos pero simplemente son. Lo bueno o lo malo es lo que yo haga con ellos.

Sin embargo, por un largo rato, no sabe uno cómo va a vivir la siguiente jornada, no se tiene idea si se va a estar regular, mal o fatal, y esa situación es muy desgastante y angustiante, porque los sentimientos están a flor de piel, son muchos y muy intensos, pueden ser muy imprudentes y llegar en momentos poco adecuados, y lo sorprenden a uno varias veces en un mismo día pudiendo pasar de la tristeza al enojo, de la frustración a la desesperación en cuestión de minutos, se siente mucho descontrol. ¡Es sencillamente agotador!

Lo más sano que se puede hacer es irlos reconociendo, validarlos, expresarlos y darles salida sanamente sin afectar a nadie, ni a uno mismo. En pocas palabras fluir con ellos, sin resistirse, pero es algo que nunca nos han enseñado. La tendencia es quererlos controlar con la mente, tratando de cambiarlos o reprimiéndolos, y eso no funciona. Si no me permito sentir, al final yo exploto, con una reacción exagerada, o mi cuerpo explota, con una enfermedad. Los sentimientos no hay que evadirlos, ni que alentarlos, ni que forzarlos; simplemente hay que reconocerlos y sentirlos.

¿Qué hay detrás de cada sentimiento y cómo puedo vivirlos más sanamente?

Quisiera hacer una pequeña aclaración y explicar la diferencia fundamental entre la emoción y el sentimiento. La emoción es más básica y primitiva, y aparece automáticamente al presentarse un estímulo, es la reacción del cuerpo; mientras que el sentimiento incluye la capacidad de pensar y reflexionar de manera consciente sobre lo que se siente. El sentimiento aparece cuando el cerebro interpreta la emoción.

Sirve mucho observar la reacción física que me produce una emoción para poder identificar, nombrar y liberar ese sentimiento. Por ejemplo: hay gente que siente el miedo en el estómago, otras personas en las manos, otras en una parálisis del cuerpo generalizada. Cada quien reacciona diferente y hay que conocerse para aprender a trabajar con nuestros sentimientos.

Lo primero que hay que hacer es dejar de poner nuestra atención afuera, a qué me lo provocó, y enfocarme hacia adentro, a observar el sentimiento, sin juicio: cuál es —ponerle nombre—, dónde lo siento y cómo lo siento. Con el simple hecho de hacer esto se crea una descarga energética y baja la intensidad de la emoción, porque ya di el primer paso, que es identificarla y empezar a sentirla.

Los diferentes sentimientos:

La **tristeza** es un sentimiento que me lleva más al recogimiento, a la introspección, a aislarme para estar conmigo mismo. Cuando la permito y la dejo fluir, el llanto puede ser un buen acompañante. No hay que alimentarla con la mente ni hacerme la víctima, solamente sentir, sin juicio. Hay personas a quienes les cuesta mucho llorar, aunque quisieran, no pueden. Un buen llanto puede ser muy liberador, pero ¿por qué no pueden vivirlo? A veces no se lo permiten por creencias muy arraigadas de que llorar nos hace débiles o que los hombres no lloran, etcétera. Otras veces existe un gran miedo de tocar a fondo la tristeza, ya que se preguntan: «¿qué va a pasar cuando me permita sentirla de verdad? Me da miedo y mejor cada vez que la empiezo a sentir me distraigo en algo más». Esta persona suele tener un nudo en el pecho. Yo les contesto: «¿Qué va a pasar cuando te abandones a la tristeza? Que por fin te vas a liberar de ella, pues al no quererla sentir lo único que haces es retenerla y prolongarla».

Hay que bajar a lo más profundo para poder impulsarnos y comenzar a subir. Una forma que puede ayudar a conectar con la tristeza cuando está bloqueada es la música, aquella que me recuerda algo, que me conmueve, que me emociona. No hay que temerle a la tristeza, no pasa nada por sentirla, es mucho peor y más agotador evadirla por años. Tampoco es imprescindible llorar, pero sí es muy importante en algún momento permitirse sentirla profundamente. Cuando tiempo después de un fallecimiento, las personas me dicen que tienen miedo de llorar en algún evento al que van a asistir, yo siempre les digo: «Si tienes ganas de llorar, llora, solo si te lo permites podrás reír después». Cuando a los seis meses de la muerte de Nadine se casó Gisèle, mi otra hermana, yo tenía mucho miedo de ese día, pero no fue tan complicado. Primero lloramos en la misa y más tarde bailamos, brindamos por ella y nos pudimos reír y disfrutar la fiesta. Hay que fluir con lo que uno siente.

Otro sentimiento muy común en el duelo es el **enojo**. Este, a diferencia de la tristeza, me lleva a la acción y para darle salida sanamente puedo hacer cosas como: romper papel, pegarle a algo como puede ser una almohada, gritar, maldecir, escribir una carta para desahogar el coraje, tocar tambores, correr, brincar, hacer ejercicio intenso por unos minutos, incluso ciertos bailes. Lo importante es no descargarlo contra nadie y hacerlo con la intención de darle salida a la emoción. También se puede visualizar el sentimiento de algún color e imaginar que sale por la boca, las manos o los pies al estar realizando uno la acción elegida.

Por ejemplo, yo solía meterme al coche y, con los vidrios arriba para que nadie me escuchara y en calles poco concurridas o en túneles, gritaba fuerte (desde el estómago para no lastimar mi garganta). Es sumamente liberador hacer este tipo de acciones conscientes. Solo hay que cuidar bien lo que se hace para no dañarse por tratarse de actos que conllevan fuerza y simplemente hacerlos con toda la atención y la intención.

Otro punto que vale la pena mencionar cuando se vive una muerte es que puede haber dos tipos de enojo que a veces no nos atrevemos a aceptar y que si se sienten es muy importante darles un espacio. Uno es el enojo con Dios y otro con la persona que murió; ambos por lo general generan culpa. Me enojo con Dios por haber permitido esta muerte y que yo esté sufriendo, y me enojo con la persona que murió porque me abandonó o porque no confió en mí y no me contó que estaba enferma o porque quedó algo no resuelto entre nosotros. La persona que estaba por morir hizo lo mejor que pudo con la gran carga de la muerte cercana que estaba viviendo. Solo es importante saber que estos dos tipos de enojo son completamente normales y válidos. Simplemente hay que aceptarlos para poderlos sentir y que puedan ser liberados. Negándolos solamente los retengo.

La **culpa** fue un sentimiento que a mí me sorprendió mucho en el duelo. No la hubiera pensado, pues me llevaba muy bien con mi hermana, pero detrás de cualquier *hubiera* hay una culpa escondida. Por ejemplo: «hubiera pasado más tiempo con ella», «le hubiera dicho tal o cual cosa». Simplemente hay que reconocer la culpa para poderla liberar. Existe una gran diferencia entre ser culpable —que es hacer algo con mala intención— y sentirse culpable. Ese sentirse culpable es muy común en el duelo, aunque no tengamos la culpa de nada, pero es importante considerarlo y aceptarlo para poderlo dejar ir.

Otra situación muy común cuando muere alguien es que, pasando tiempo, a veces empieza uno a sentirse bien en ciertos momentos y entonces viene la culpa por no sentirse mal, como si el bienestar fuera algo que ya no nos fuera permitido. Yo les digo: «Está bien sentirse bien, disfruta el momento, seguro después otra vez te llegará la tristeza o el enojo, y también estará bien sentirse así de nuevo».

El **temor** es otro estado muy común en el duelo. Primero quisiera aclarar que existe una diferencia entre el miedo y el temor. El miedo es una emoción que está en el presente y es real; en cambio, el temor está en el pasado y en el futuro y es irreal. Por ejemplo, cuando tengo frente a mí un perro enorme a punto de atacarme surge el miedo, ese que me hace saltar la barda que nunca imaginé que podría porque lleva consigo una descarga fuerte de adrenalina; en cambio, cuando no quiero salir a la calle porque tal vez me encuentre con un perro, eso es temor, porque no está sucediendo nada, todo está en mi cabeza.

El miedo nos sirve para salvar la vida, el temor prácticamente para nada, aunque en ciertas ocasiones nos puede dar algo de precaución que a veces puede ser útil. Sin embargo, a lo largo de nuestros días, nos encontramos llenos de temores que nos paralizan y nos impiden fluir por la vida y atrevernos a probar. Cabe mencionar que la palabra *miedo* es mucho más común y normalmente hablamos de miedo indistintamente, sin importar si es este o el temor.

En un duelo, es normal que sintamos temor a vivir sin la persona que falleció o también a que otra muera o a no saber continuar, a perder el sentido de la vida. Pero llega un punto en que nos damos cuenta de que no tenemos el control de nada, esto es una realidad que muchas veces tratamos de evadir; sin embargo, la muerte nos la pone enfrente, la incertidumbre siempre será una constante.

El control sobre la vida y sobre los demás es una ilusión.

Solo cuando logro aceptar esto y dejo de luchar por querer controlar lo que sucede puedo dejar ir el temor y encontrar la paz. Por redundante que parezca, muchas veces nos da miedo sentir miedo; solo hay que saber que, aunque uno se desmorone, se puede volver a levantar, porque el amor, que es nuestra verdadera esencia, siempre estará ahí y es más fuerte que el miedo. Algo que también ayuda cuando tengo temor es pensar: «en este momento, eso no está sucediendo». De esta forma puedo bajarle intensidad a ese sentimiento, recordando que la mayoría de lo que imaginamos jamás llegará a suceder.

La ansiedad y la angustia son estados que también quisiera mencionar porque son sumamente desgastantes y se alimentan mucho de la **incertidumbre** y de la **impotencia**. Esto se siente, por ejemplo, cuando la persona muere por enfermedad o cuando después de un accidente queda gravemente herida, pues uno pasa el tiempo dudando si continuará viviendo o no, y si lo logra, qué tan bien quedará de salud. Esto es muy agotador. En el caso de personas desaparecidas es una situación a la cual sus seres queridos se tienen que estar constantemente enfrentando con todas las dudas imaginables. En el caso de las viudas, existe mucha angustia económica a veces y también con respecto a llevar solas la responsabilidad de los hijos.

En nuestro caso la incertidumbre la vivieron mi papá y mi otra hermana desde el momento en que les avisaron que Nadine había tenido un accidente hasta que llegaron al lugar del mismo y les informaron que había sido muerte instantánea, pero que no quisieron dar la noticia por teléfono, pues tenían que hacer un largo trayecto de carretera. Dice Gisèle, mi otra hermana, que esos momentos previos tal vez fueron de los peores que ha vivido, esa incertidumbre de no saber qué había pasado, si iba a sobrevivir y cómo iba a quedar si lo lograba. Dice que fue la peor angustia que ha sentido y que, cuando le dijeron que había muerto, una parte de ella descansó al pensar que al menos no iba a quedar mal. La duda mata lentamente. Aquí vuelve a ser muy importante no alimentar los pensamientos que me lastiman y hacen crecer la incertidumbre.

La **desolación** suele ser muy común también, porque todo pierde sentido ante una muerte muy cercana y esta toca fibras muy profundas, sobre todo a nivel de creencias, donde uno se replantea cantidad de puntos que jamás había cuestionado, pues tal vez todo había salido más o menos como se había planeado. Ahora el plan de vida se derrumbó, ¿qué sigue? En este caso hay que permitirse cuestionar, dudar y bajar a lo más profundo, pues solo desde ahí se podrá ir recuperando la esperanza. Llega un momento en que me doy cuenta de que de alguna forma he perdido todo, no tengo el control de nada, entonces empiezo a soltar y a mirar que, aun en la total destrucción, han quedado cosas muy valiosas y son las que finalmente nos permitirán volver a dar sentido; aceptando que mucho habrá cambiado no solo afuera, sino adentro de nosotros.

La **envidia** también se experimenta en un proceso de duelo. Surge mucho la pregunta: ¿por qué esa familia sigue completa y la mía no?, ¿por qué a mí me pasó esto y a ellos no? Es muy común sentir esto, simplemente hay que validar el sentimiento y no alimentarlo con más pensamientos para poderlo dejar ir.

La **vergüenza** es un sentimiento común en un duelo y se vive como una inadecuación, donde uno siente como si lo hubieran sacado del círculo donde estaba, de su espacio conocido, y ahora se siente raro, el incomprendido al que hay que tenerle lástima; ya no es como los otros, se pierde el sentido de pertenencia y se siente uno fuera de contexto. Si además el tipo de muerte del ser querido no es socialmente aceptada, como un suicidio, un aborto provocado o un homicidio donde se juzga también a la víctima, la vergüenza crece aún más. Es importante hablarlo, abrirlo para que baje la intensidad. Con los niños es muy común que surja esta sensación y conduce mucho al aislamiento o a la rebeldía, y aquí los grupos de apoyo, donde otros están pasando por lo mismo que uno, suelen ser de gran ayuda.

La **alegría, el amor, la paz**, los dejé al último porque claramente son los menos comunes en un duelo, sin embargo existen. Al principio serán muy escasos y poco a poco podrán aumentar, pero serán importantes para volver a dar sentido a lo que quedó, que normalmente es mucho pero en ese duro momento no lo vemos. Sin embargo están: en el amigo que hacía tanto que no veía y vino a darme un abrazo, en la reconciliación con algún familiar a partir de esta muerte, en los actos de infinita generosidad que siempre se presentan en un duelo y que nos dejan a veces sin palabras, sumamente conmovidos. Al principio serán casi imperceptibles, incluso nos podrá causar culpa volver a sentirnos felices, pero poco a poco se pueden volver a tocar esos estados de alegría, amor, paz y felicidad.

Uno de los principios de Cecura que más me han ayudado es el que dice:

«*Elijo estar en paz por dentro, a pesar de lo que suceda a mi alrededor*»[2].

Para mí, descubrir esto fue una gran herramienta. Siempre nos sucederán cosas desagradables, pero yo tengo el PODER de decidir cómo las vivo y eso cambia totalmente la perspectiva en la vida, porque a pesar de lo que esté viviendo, yo tengo injerencia en cómo lo vivo a través de cómo decido verlo en mi mente, de dejar de resistirme al cambio, de aceptar la realidad, de buscar el aprendizaje, de permitirme sentir sin juzgar.

No puedo controlar el sentimiento, este es, ni puedo tratar de hacerlo desaparecer mágicamente; solo puedo controlar cómo actúo con respecto a lo que siento, porque elevo mi nivel de consciencia, me doy cuenta. Si hago consciente la emoción, puedo decidir cuánto tiempo me quiero o me necesito quedar en ese sentimiento.

En un duelo es válido sentir todo, el problema es quedarse estacionado en un sentimiento demasiado tiempo; si este se hace permanente y no lo dejo ir, entonces se vuelve tóxico, porque no hay movimiento y la vida es movimiento.

Pero a veces sostener un estado de ánimo da muchas ganancias secundarias, por eso inconscientemente hay quien opta por no mo-

---

2. Centro de Curación de Actitudes (Cecura). *Principios de Cecura*. Recuperado de «http://www.cecura.org.mx/principios-guia/».

verse y se queda en un sentimiento. Por ejemplo: la persona que, gracias a que está triste, recibe muchas atenciones.

Todo esto y más cosas aprendí cuando me di cuenta de que esta nueva vivencia era demasiado grande y que sola iba a ser sumamente complicado salir adelante. Me sentía tan mal que anhelaba estar un poco mejor y por eso empecé, entre otras cosas, a ir a un acompañamiento de duelo.

3
Enfrentando la nueva realidad

El día que supe que mi hermana había muerto, tenía mucho miedo de dormirme, pensaba que cuando me despertara sería como volver a recibir la noticia. Descubrí que afortunadamente no era así, no era el impacto con ese vértigo de volver a caer al abismo. Desafortunadamente, sí despertaba en medio de una nube negra espesa y pesada, muy pesada, con un dolor profundo que, por un tiempo desde esa mañana, hizo que fuera muy difícil levantarme y empezar cada día con el pensamiento recurrente de: «ya no está, no lo puedo creer».

A veces la gente me pregunta: ¿qué es más duro, una muerte por accidente o por enfermedad? Ambas son muy fuertes, pero tienen sus diferencias. Aunque uno nunca está realmente preparado para que se muera esa persona que amamos, cuando alguien fallece por una enfermedad nos brinda la oportunidad de despedirnos, de arreglar ciertas cosas; pero tiene la parte muy difícil de ver sufrir a quien se ama, y se llega muy cansado al duelo porque hubo que estar cuidando al enfermo y lidiando con el dolor de verlo consumirse. Por otro lado, la muerte por accidente nos toma del todo desprevenidos, es un poco más difícil de reconocerlo en nuestra mente y esto hará que tal vez permanezcamos más en la negación y tardemos más en aceptarlo, ya que el impacto inicial es mayor. Pero el dolor en ambos casos es el mismo.

Un día después de enterarme, llegué por fin a mi casa. En ese momento lo único que quería era estar ya con mi familia, pero también me aterraba verlos. Cómo iba a estar cada uno, cómo iba a lidiar cada quien con esta pérdida. Tenía miedo de verles el dolor reflejado en sus caras, la mueca que hacemos al reprimir una lágrima para que finalmente tome su cauce como un río bajando por la nariz. Temía el primer encuentro, el abrazo, el sollozo.

Ese día me quedó claro que duele más ver sufrir a quien amamos que lidiar con la propia pena. El momento más duro de mi vida ha sido en el cuarto de mi hermana, sentada en el piso, cuando tomé a mi papá entre mis brazos y se me desmoronó en llanto adentrándose en una combinación de gemido, lamento y quejido con un dolor que le salía de lo más profundo de su existencia; y así, llorando yo también, lo mecía como a un niño pequeño. Pero en ese instante no me podía dejar caer con él porque así pasa en las familias, pareciera que para sentir el dolor más profundo se toman turnos para que uno sostenga al otro mientras se cae al despeñadero. No nos podemos tirar todos al mismo tiempo, es como si de un acuerdo tácito se tratara; pero en algún momento, diferente quizás, todos tenemos que bajar a tocar la desolación más completa, porque así toca en ese momento, porque el duelo no se puede evadir, porque no queda más que vivirlo si se quiere salir de ahí, recuperarse y reconstruirse.

Cuando se vive algo tan fuerte a veces existe la sensación de no reconocerse a uno mismo dentro de esa nueva historia, una especie de desconexión con la existencia. Recuerdo en esos tiempos mirarme al espejo y decirme: ¿de verdad es a mí a quien le pasó esto?, ¿de verdad soy yo la que está viviendo este hecho desgarrador que veía como algo casi imposible que me sucediera? Era parte de la negación y de no encontrar mi lugar en el mundo, a raíz de este acontecimiento que ahora formaba parte de mi nueva realidad.

Mi cuñado, que también ha enfrentado varias pérdidas importantes en su vida, tiene una analogía que me parece muy esclarecedora respecto a los duelos. Él dice que cuando alguien muy cercano muere es como si te cortaran una pierna. Al principio es un impacto, una incredulidad, un dolor terrible. Te tratan de curar, te ponen anestesia, toda la gente está al pendiente de ti, duele muchísimo, no lo puedes creer; sin embargo, al final la pierna te la cortaron y ya nunca más volverás a caminar con ella; estás como sedado, pero a la vez te encuentras muy acompañado, pues todo el mundo está muy impresionado por lo que te sucedió.

Después empieza a pasar el tiempo, ya estás más solo y también mucho más consciente de lo que implicó perder esa pierna, ya has comenzado a experimentar toda la falta que te hace en el día a día y el dolor cambia; ya no es tanto un dolor físico, es de dentro, desgarra la ausencia y hay que aprender a vivir con ella y hay que empezar a cojear, a buscar nuevos apoyos, a cambiar nuestro estilo de vida y volver a enseñarnos a caminar para vivir sin ese miembro que era tan importante, incluso indispensable, pero no vital, porque aun sin él seguimos vivos.

De igual manera que, con la pérdida de la pierna, por las extensiones nerviosas sentimos que ahí sigue y cuando detenemos la mirada nos damos cuenta de que ya no está; lo mismo pasa con quien murió, era una parte tan importante de nuestra vida que sentimos una enorme incredulidad de que no esté, tanta que a veces pensamos que es un sueño, incluso sentimos a la persona, pero físicamente ya no está, la buscamos con el anhelo y nos topamos con su vacío y no queda más que aprender a vivir sin esa pierna, sin esa persona. Uno nunca vuelve a ser el mismo, perdimos algo muy nuestro, no podemos regresar a quien éramos porque algo así nos transforma en lo más profundo.

4
Los rituales que acompañan a las pérdidas

En cada momento de la vida siempre hay matices, nada es del todo negro ni del todo blanco; y en un momento tan oscuro, dentro de tanta tristeza, poder ver los matices claros es todo un bálsamo, sin lugar a dudas. A pesar de que nunca falta algún imprudente, el cariño de las personas en esas situaciones es algo que jamás se olvida. El que viajó solo para darte un abrazo, el que se siente fuera de lugar pero ahí está, el que te quiere ayudar de verdad, el que simplemente se tomó la molestia de estar... porque

> *a un funeral se va a estar.*

Pero también hay tanto que se dice que se debería callar:

«Ya no llores, o no lo vas a dejar descansar». (¡Cuando eso es lo que hay que permitir! El llanto).

«Está en un lugar mejor». (¿Ah, sí, y tú cómo sabes? ¿De ahí vienes? Es lo que tiene uno ganas de decirle).

«El cielo necesitaba un ángel». (¡Y a mí que me importan los ángeles, yo quiero a la persona que se murió aquí conmigo!).

«Dios sabe lo que hace». (Pues por ahora yo a Dios no lo entiendo).

«Puedes rehacer tu vida». (Ahorita no la quiero rehacer, está destruida).

«Solo era un bebé, tienes más hijos». (Cada ser es único y a los hijos se les ama desde antes de nacer).

«Es mejor así, ya dejó de sufrir». (¿Y por qué tenía que sufrir en primera instancia?)

«Tienes que ser fuerte». (La fortaleza solo se logra cuando se ha tocado la tristeza).

> *Acompañar a alguien en un duelo es permitir que su dolor me incomode y, a pesar de eso, permanecer a su lado, dejando que el otro se exprese y validar lo que siente.*

No es necesario hablar, está bien no decir nada; solo escuchar sin querer cambiar de tema, abrazar y estar.

Yo no pude llegar al funeral de mi hermana, tardaron dos días en localizarme en la sierra guatemalteca (decían mis amigos que si algún día necesitaban esconderse, me iban a preguntar cómo hacerle), y tardé medio día más yo en regresar, no llegué a tiempo. Son importantes esos momentos, estar ahí. La razón es porque somos seres humanos en un mundo físico y necesitamos rituales que nos permitan dar sentido a los momentos importantes de nuestras vidas a través de actos individuales y sociales, de acciones físicas donde podamos expresar y simbolizar de manera profunda y espiritual esas vivencias, independientemente de nuestras creencias.

Mucha gente dice «yo no voy a los funerales porque no me gustan». Yo pienso, ¿a quién en su sano juicio le gusta asistir a un funeral? A nadie, creo yo, eso sería morboso, a mí en lo personal, me drena la energía, me quedo hecha un trapo, tampoco me gusta. Pero es importante ir, tanto a llorar una muerte, como a acompañar a quien la necesita llorar.

Cierto, no es un acto agradable, es un acto humano; un acto que honra a una persona, a una amistad, a una vida, un acto que forma parte de nuestra existencia. Hay que estar porque la muerte es parte de la vida, porque la empatía es necesaria en este mundo, porque no deberíamos ser indiferentes ante el dolor del otro y porque el amor se demuestra con hechos.

Además, estar presente en ese momento hace que la terrible muerte tenga un lado hermoso y profundamente conmovedor, que es el de la amistad que ahí se expresa y que definitivamente queda por siempre bellamente tatuado en la memoria y nunca se olvida. Recuerdo que Gisèle, mi otra hermana, rehizo la lista de invitados a su boda que estaba muy próxima, con base en los que habían asistido o no al funeral de Nadine.

Tiempo después tuve que sentarme con Gis y pedirle que me contara cómo fue el funeral, quién estaba, qué sucedió; no como morbo, simplemente porque me hacía falta completar una importante pieza del rompecabezas de mi duelo, el cual no podía descifrar, pues no había estado presente.

Cuando uno acompaña en un funeral hay que tratar de no ser protagonista, de no querer resolver ni quitar el dolor, ese de todas maneras se tiene que sentir y es importante permitirlo.

¿Por qué muchas personas quieren solucionar?

¿Por qué no mejor preguntan qué necesita el otro?

¿Por qué ese afán de querer estar bien todo el tiempo y que la gente se arregle? («Que ya esté bien», piensan).

> *En un duelo, lo que toca es estar mal por un rato y sentir el dolor.*

El duelo duele, y mientras menos luche uno contra eso más se podrá vivir y salir adelante fortalecido, más pronto y con enseñanzas. No se debe nunca evitar el dolor. Cuando lo hay, **no queda más que vivirlo**. El dolor no es malo en sí, solamente duele y eso nos aterra. Quitémosle los juicios, atrevámonos a sentirlo para poder traspasarlo y llegar a la otra orilla con la experiencia bajo un brazo, los aprendizajes bajo el otro y el corazón en paz.

«Solo abandonando la resistencia, volviéndose "vulnerable", usted puede descubrir su verdadera invulnerabilidad».

ECKHART TOLLE[3]

Recuerdo a un amigo que supo estar y me comentó: «No sé si hablarte de Nadine, porque no sé si te la recuerdo y eso te pone triste». Su comentario fue tan sincero y asertivo que tardé unos segundos en responderle: «No te preocupes, no me la recuerdas ni por eso me pongo más triste, yo la pienso todo el tiempo, desde que abro los ojos hasta que me quedo dormida, y hablar de ella es solo poner en voz alta mis pensamientos». Él no sabía qué hacer, pero

---

3. Tolle, Eckhart. *El poder del ahora*, Grijalvo, 1997, p. 196.

tuvo la honestidad y el valor de preguntar. Son esas cosas que nunca se olvidan, que siempre se agradecen y que hoy, muchos años después, aún saltan como recuerdos a mi mente.

Hay una diferencia muy grande entre lástima y compasión, y solemos pensar que son simples sinónimos.

«Cuando tu miedo toca el dolor de otro, se convierte en lástima, cuando tu amor toca el dolor de otro, se convierte en compasión».

Stephen Levine[4]

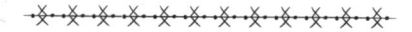

Es decir, cuando yo le tengo lástima a una persona es como si pensara: pobre, está fatal, no sé si logrará salir adelante, qué miedo que a mí me pase algo parecido, mejor huyo de esto. En cambio, cuando le tengo compasión es como si le dijera: sé que la estás pasando fatal pero confío en tu ser y en que serás capaz de salir adelante, soy empático, me importa mucho lo que estás viviendo y aquí estoy y estaré a tu lado si me necesitas, aunque sé que solo tú puedes caminar este doloroso camino, por lo tanto no intentaré rescatarte, solamente estar y creer en ti.

Es muy importante que cuando se vaya a un funeral se vea a la gente con compasión, la lástima no les ayuda, la compasión sí, y esa actitud se nota en la mirada y la gente lo percibe.

---

4. Citado en Rimpoché, Sogyal. *El libro tibetano de la vida y de la muerte*, Urano, 1992, p. 247.

En un duelo, es muy valioso tener a alguien a un lado, una presencia que sepa estar. Saber estar y acompañar es un arte. Un arte que todos podemos aprender, solo hay que tener presentes algunos puntos: nadie salva a nadie, hay que quitarse la tentación de querer arreglar al otro y más bien enfocarse en permitirle que viva su proceso, y respetar sus tiempos.

Los consejos son buenísimos, pero para el que los da, porque se queda muy satisfecho y tranquilo de sentirse útil, sabio y rescatador. En realidad, los consejos no son buenos. Si uno le dice a alguien qué hacer y el otro lo hace, hay dos posibilidades: que le funcione o que no le resulte bien. Si le funciona, entonces el otro no confiará en él mismo y cada vez que necesite tomar una decisión importante, acudirá a su salvador entregador de consejos. Si no le resulta bien, entonces le echará la culpa al mal consejero y no se responsabilizará de sus actos. Lo más sano es evitar la tentación de querer decirle al otro qué es lo que más le conviene. ¿Por qué creemos que sabemos qué es lo mejor para el otro, si no estamos en su mente ni hemos vivido su historia?

Aprendamos a escuchar sin hacer juicios, sin querer resolver, respetando el proceso del otro y confiando en su sabiduría interna y fortaleza, para no interferir en su camino (verlo con compasión, no con lástima). La persona solo necesita tener la certeza de que alguien está a su lado, pero cada paso lo tendrá que dar él mismo.

Otro punto es que hay que perderle el miedo al dolor propio y al ajeno, no pasa nada si el otro llora conmigo, lo abrazo en silencio y listo, ahí estoy, no tengo que decir nada. Esa presencia silenciosa y paciente es mucho más importante de lo que pensamos y nadie nos lo dice, nadie nos enseña a estar. No sabemos estar porque no sabemos mirar, no sabemos callar ni escuchar, no sabemos estar sin hacer nada porque además siempre queremos resultados y encima que sean instantáneos (y esto es mucho debido a nuestra cultura tecnológica en la que estamos inmersos hasta la médula sin siquiera darnos cuenta), y por si todo esto no fuera suficiente, tenemos miedo a sentir; con todo esto, se vuelve muy complicado saber estar.

Alguna vez alguien me dijo que los mejores amigos se hacen en la adolescencia porque es cuando puedes perder el tiempo con el otro, simplemente estar. Ahora cada vez es más difícil tomarse el tiempo de perder el tiempo, de no hacer nada juntos. Todos estamos ocupados con las prisas de la vida, con los resultados, con los celulares, atentos al pasado, al futuro, a quien no está y desatentos con quien tenemos enfrente. Hay que aprender a ESTAR en esta vida, estar presentes, para uno mismo y para los demás. Sí se puede, es cuestión de atención y de voluntad.

Volviendo a los rituales, existe otro que puede también ayudar para dejar ir y es el de esparcir las cenizas; como mencionaba, en este mundo físico necesitamos los ritos, pero estos son muy personales y es importante hacerlos si a mí me hacen sentido dentro de mi duelo. En nuestro caso, echar a volar las cenizas sí fue un ritual relevante, triste, pero que tuvo cierta belleza, porque al compartirlo en diferentes ocasiones con gente muy querida, fue una forma de celebrar su vida y la nuestra y el haber coincidido. En una ocasión Nadine le dijo a una amiga que, como a ella le encantaba viajar, cuando muriera, si no era mucha molestia, quería estar regada por el mundo entero. Nos puso una tarea difícil, pero que finalmente fue un gusto melancólico cumplir.

Las primeras cenizas las echamos en el bosque de los Colomos en Guadalajara; para cumplir su deseo pusimos sobre un arbusto fotografías de ella en sus distintos viajes y ahí entre lágrimas y recuerdos la esparcimos. Después fuimos a Mazamitla con amigos entrañables a regarla también; no conformes, invitamos a todas sus amigas a la cabaña en Tapalpa que tenían mis papás, en donde pasamos tantas vacaciones, y entre árboles y rocas también dejamos parte de ella; y ya para cumplirle su mayor deseo de cruzar de nuevo el Atlántico, un amigo que se fue a vivir a Barcelona la diseminó en el Tibidabo.

Ella era libre, le gustaba volar, y así fue como la dejamos ir. Cada uno de estos rituales fue una manera emotiva de despedirla, pero también de recordarla, de sentirla cerca, de regresarla al principio, al origen, a la tierra. En esos espacios de reflexión dentro del dolor, acompañado de personas tan estimadas se siente uno contenido y finalmente son momentos que ayudan a dar sentido a un acto tan crudo y a la vez tan natural como lo es la muerte.

Cada cultura tiene sus propios rituales ante el fallecimiento. Por ejemplo, siempre me ha llamado la atención en la religión judía el **período de Shiva**, que consta de siete días a partir del entierro, en los cuales los dolientes se quedan en casa y es la comunidad judía la que visita a la familia para brindar su apoyo y consuelo. Los asistentes no deben esperar ser atendidos como visitas, sino por el contrario, deberán entrar en silencio y podrán llevar comida o frutas para los deudos. Lo que me parece muy importante y valioso es cómo contemplan una semana completa en la cual están totalmente enfocados a vivir el duelo, se dan ese espacio y además se ayudan, resolviéndole a los afectados las necesidades más básicas, como es la comida, para que se puedan dedicar a vivir plenamente su pérdida.

En México tenemos un ritual bellísimo, que son los altares de muertos dentro y fuera de los panteones. Meses antes de que muriera Nadine tuve la fortuna de estar en la ciudad de Oaxaca en un 2 de noviembre, día de muertos. Ese día conocimos a don Luciano, el cuidador del panteón, o como él decía: «Yo soy el controlador de la casa de todos, porque al fin y al cabo es la casa de todos ¿o no? Pa'llá vamos». Era un personaje de la vida real, de esos que te hacen pensar que la realidad supera a la ficción.

Nos acercamos al panteón alrededor de las siete de la tarde, ya para entonces aquello estaba tapizado de flores amarillas, cempasúchiles, y moradas, flor de obispo; veladoras alrededor de las tumbas, cruces hechas de pétalos, incienso, copal; un ambiente fuerte, de mucha paz, mucho respeto y sobre todo mucha fe. Una niña tranquila sentada encima de una tumba balbuceando un «adiós». No podía faltar la banda, la comparsa, danzantes disfrazados con máscaras, haciendo representaciones cómicas de la muerte.

Porque en México el día de muertos es un día de fiesta, de celebrar la vida, de recordar al muerto, de codearse con la parca, de reírse con ella, de llevarle al difunto lo que le gustaba de comer, cantarle sus canciones, rememorar sus anécdotas. Así sentados, con esa paz y esa fe, con esa aceptación total de la realidad de la muerte; así sentados entre flores, música, mezcalitos y fritangas, esperan a sus muertitos para compartir con ellos una noche, un momento y ya mañana la vida seguirá, pero hoy, hoy es para los que se fueron.

En mi casa, los años previos al fallecimiento de mi hermana sí habíamos celebrado el día de muertos, hacíamos altares a Frida Kahlo o a otros personajes famosos, seguíamos una tradición, pero lejos estábamos de sentirla. Incluso hacíamos calaveras de azúcar con nuestros nombres. Una vez estaban de visita unos alemanes y a mi mamá le pareció muy integrador hacerles su calavera de azúcar con su nombre: Inge se llamaba ella. La pobre Inge casi se infartó al ver su nombre sobre la calaca blanca, pensó que se trataba de un acto de brujería tipo vudú; hubo que explicarle todo y al final, rompiendo sus paradigmas, hasta se llevó su calaverita envuelta en el avión.

El día de muertos en México es sin duda una tradición extraña, que vista de fuera se mira con recelo y como si se tratara de una falta de respeto, como si nos burláramos de los muertos, pero no, solo nos burlamos un poco de la muerte; por un día le plantamos la cara, incluso hacemos calaveras que son poemas de risa de la parca, la calaca. Aunque sé que todo eso no se entiende mucho en la mayoría de los países, al final creo que es una forma hermosa y festiva de recordar a quien se fue.

El primer aniversario de la muerte de Nadine le hice su primer altar, ya no fue una tradición sin sentido, entonces lo entendí; lo hice como se debe, con el corazón y para honrar su vida. Le puse su foto, su papel picado, sus flores, sus calaveras y lo que le gustaba: su tequila, sus cigarros, sus reglas de arquitectura. La lloré y al final la recordé con una sonrisa. Nos juntamos todos a cenar tamales, a reírla y a llorarla a veces, por qué no.

Actualmente me gusta ese día y disfruto hacer algo tan especial como un altar en su honor para rememorarla. Aunque también he aprendido que hay que hacerlo con el debido respeto y conocimiento, porque sí se da un movimiento energético y espiritual, y es mejor si se hace en conciencia y no como simple folclor. Es importante mandarles mucha luz y amor a donde sea que estén.

Aunque cada cultura tiene sus propios ritos, tan importantes como valiosos y significativos, uno también puede hacer una ceremonia de despedida y permitirse ser creativo.

Estos rituales pueden llevarse a cabo estando uno solo o acompañado. Para ello es importante crear un espacio donde, por ejemplo, podría ponerse una fotografía de la persona, encender una vela, quemar incienso, escuchar alguna canción que signifique algo, tener algún objeto representativo de quien partió o flores. Una vez creado el espacio, puede leerse algo (una lectura, un poema, un escrito), cantar, rezar; se puede uno imaginar al ser querido fallecido enfrente, se le puede decir lo que uno cree que faltó por hablar, escribirle una carta, relatar alguna anécdota que se quiera recordar, si hay algo que perdonar puede decirse. Después, hacer el cierre agradeciendo por haber coincidido con esa persona, por lo que su vida nos dejó, y finalmente soltar a ese ser querido, liberarlo de nuestro apego, sabiendo que siempre estará en nuestro corazón, y mandarle mucha luz y todo nuestro amor.

    Esto es tan solo una idea, pero puede ser algo muy sanador. Es importante que cada quien lo haga si así lo siente, según le signifique y según sus creencias, porque solo así hará resonancia en quien lo lleve a cabo y le dará tranquilidad, porque finalmente ese es el objetivo: comenzar a recuperar la paz.

5
La muerte y sus misterios

*«Morir es parte de la vida, no de la muerte:
hay que vivir la muerte».*

IONA HEATH[5]

Nadine murió el 26 de marzo de 1997, día en que cumplí 26 años… extrañas coincidencias. Desde que mi mamá me dio la noticia, hizo que no lo viviera como algo dramático, sino como algo especial; me dijo: «El último regalo que te dejó fue morir el día de tu cumpleaños», y con esa frase, ya no lo pude ver como algo terrible, al contrario; pero también fue una decisión cómo lo acomodaba en mi mente.

" *Es uno quien da sentido a las cosas.* "

---

5. Citado en Montero, Rosa. *La ridícula idea de no volver a verte*, Seix Barral, 2013, p. 139.

Lo que nos sucede no tiene sentido en sí, por eso un mismo evento puede ser positivo para alguien y negativo para otro; nosotros decidimos qué connotación darle. Ciertamente, ante la visión de mi mamá no me pude ya volcar al drama en cuestión de por qué esa fecha, pero después traté incluso de usarla para darle significado: el día que yo nací, ella murió. Más claro no podía ser que la vida y la muerte van juntas, que para que exista la una tiene que haber la otra, que todo en esta existencia es un constante nacer y morir. Decidí verlo como su último acto de complicidad conmigo, como si un lazo de amor quedara escrito en una fecha, como una manera de celebrar su partida no con dolor, sino con alegría, que fue algo que siempre la caracterizó.

Ahora cumplimos años el mismo día, sin embargo, hubiera podido escoger nunca más celebrar mi cumpleaños y siempre estar triste en esa fecha, pero me queda claro que yo puedo cambiar los pensamientos que me lastiman y que además con lo alegre que era, seguro hubiera encontrado la forma de reclamarme desde el más allá que no me festejara.

En los días y meses que siguieron a su muerte nos sucedieron cosas curiosas, raras, sentíamos mucho su presencia. Es muy diferente la sensación de sentirla a la de recordarla con la mente. Sé que aquí entra uno en el ámbito de las creencias, habrá quien no crea que la vida sigue y tal vez por eso nunca experimentarán eso, no tenemos pruebas ni certezas de lo que hay detrás, solo son experiencias, pero llenas de sentido; por eso uno termina acomodándolas en el ámbito de lo real, tal vez porque aportan paz, que es lo que uno más anhela en esos momentos. Cuando uno puede experimentar esa presencia de manera intensa y profunda, viene acompañada de un toque de certeza y tranquilidad, como si de un mensaje se tratara, como si los mundos de vivos y muertos se entrelazaran por instantes.

Recuerdo una vez platicando esto con una persona que me decía: «tanto trabajo que les cuesta a las personas que mueren venir a este plano material tan denso para darnos un pequeño mensaje a través de algo, un saludo, y nosotros terminamos diciendo: mira qué coincidencia».

Cuando murió mi hermana, en 1997, se veía en todo México el cometa Hale-Bopp. La fotografía «El ángel y el cometa», que se aprecia a continuación, la tomó mi prima Valeria —que es fotógrafa— un día que estaba experimentando tomar fotos por la noche jugando con luces. En primer plano sale una vela y en segundo aparece ella, Valeria.

El ángel y el cometa. De Valeria Mas Gómez.

Lo más extraño de todo fue que al revelarla, solo unas semanas después de la muerte de Nadine, la que se aprecia en la foto parece mi hermana, pero es mi prima (de hecho la confundí cuando me la mostró, y en realidad no se parecían); además, sin previa intención, el efecto de la vela la hace parecer un ángel, y encima de todo surgió de manera inexplicable, impreso cerca de su cara, el cometa que en aquel entonces rondaba por los cielos.

Así fue como, después de partir Nadine, mucha gente que la quería veía arcoíris en diferentes ciudades, olía flores donde no habían, pensamientos que llegaban y hacían mucho sentido, encuentros fortuitos que daban quietud, reconciliaciones familiares y sobre todo, dentro del enorme dolor de la partida, experimentamos una gran paz que no tenía mucha explicación por el momento tan duro que estábamos viviendo.

«Existe un inconsciente colectivo que nos entreteje, como si fuéramos cardúmenes de apretados peces que danzan al unísono sin saberlo. Y las coincidencias forman parte de esa danza, de ese todo, de esa música, de esa canción común que no conseguimos terminar de escuchar porque el viento solo nos trae notas aisladas».

Rosa Montero[6]

Sin embargo, uno tiende mucho a preguntarse «¿dónde está ahora esa persona que tan importante fue en mi vida?». Hay quienes tienen el anhelo de soñarlos, otros incluso de verlos. Yo recuerdo que una vez, hablando con ella en mi mente, le decía: «¿No podrás venir un instante, no te me podrás aparecer solo para decirme que estás bien, que la vida sigue?». Recuerdo que de inme-

---

6. Montero, Rosa. *La ridícula idea de no volver a verte*, Seix Barral, 2013, p. 142.

diato me sorprendió una frase en mi cabeza: «¡Para qué chingados quieres que te asuste!». Me reí mucho, esas palabras eran suyas, no mías, y de verdad sentí que fue ella quien irrumpió en mi mente y me contestó. Finalmente le dije: «Tienes toda la razón, ni se te ocurra hacerlo».

No obstante, sí llegó a asustarnos un poco un día. Cuando fuimos a dejar parte de sus cenizas a Mazamitla, entrada la noche nos salimos a la terraza y prendimos las velas de un candelabro que con esmero yo había limpiado durante toda la tarde. Empezamos a recordar a mi hermana. Todos mirábamos con nostalgia las velas, que era lo único que iluminaba el espacio; y de pronto, sin que hubiera viento, estas empezaron a reducir su tamaño hasta casi apagarse. Enmudecimos sin perder detalle, con nuestros corazones acelerados sin entender lo que sucedía, hasta que una de las que estaba sentada, que la quería tanto y se decía su madrastra, le gritó: «¡Pinche narizona, ya no nos asustes!», y en ese instante las velas volvieron a su tamaño normal.

Tenía una manera muy suya y muy peculiar de seguirse haciendo presente. En una de las misas que hubo en una pequeña capilla del ITESO, la Universidad Jesuita de Guadalajara, donde ella estaba estudiando su carrera de arquitectura cuando falleció; Gisèle, mi hermana, lloraba en silencio a mi lado y me preguntó si tendría algo para enjugarse las lágrimas. Metí la mano en mi bolsa sin dejar de poner atención a lo que se decía en la misa y sin mirar lo que había tomado, le ofrecí según yo una bolsita con pañuelos de papel; al ver que no se apropiaba de ellos después de que con tanta insistencia me los había pedido, decidí mirar qué pasaba. Con lo que tenía en la mano era difícil que mi hermana secara su llanto: lo que yo tan erguida sostenía era una bolsita con una toalla femenina. Di un grito ahogado y no pudimos parar de reír, nos tuvimos que salir a reírla, a llorarla, a recordarla tal cual era ella, siempre mofándose de la vida y haciendo de lo más serio una parodia, una excusa para no dramatizar, era como ver su sello en ese acontecimiento.

Ese día también aprendí que del llanto a la risa hay solo un paso. Además, comprendí entonces la importancia de permitirnos reír en los momentos incluso más duros de la vida. Aquí quiero aclarar que una cosa es la burla y otra muy distinta es la risa, esa que sale del corazón, esa que hace posible bajar la tensión, que limpia, que libera, que da la oportunidad de ver lo mismo con otros ojos, de mirar hacia otro lugar que no sea todo el tiempo el del dolor, quitando el exceso de dramatismo, y dejándome contactar con otro sentimiento, otra sensación, sin juicio, sin culpa. La risa cura, no se trata de forzarla, pero si llega, bienvenida sea. Poderse reír de uno mismo o de una difícil situación (como en México bien sabemos hacer), sin quitarle el respeto que esta merece, puede ser sumamente sanador.

Hace poco (es decir, muchos años después de su partida) me desperté con un pensamiento: que le llamara a una de las amigas de Nadine, a quien dicho sea de paso, no le hablo nada seguido. Pasaron las horas y yo seguía con esa fijación en mi mente, como si una voz me lo estuviera pidiendo. Finalmente decidí llamarla:

—¡Hola! Hace mucho que no te llamo, pero es que desde que me desperté es como si tu amiga me estuviera dando lata de que te llamara, así que pues te hablo para saludarte, ¿cómo estás?
—Muy bien, gracias, hoy es mi cumpleaños.
—¿De verdad? —le dije sorprendida y me reí—, yo creo que entonces te mandan felicitar.

A veces pasan cosas extrañas, inexplicables; «qué coincidencia», diríamos muchos; «qué presencia», tal vez digamos otros (incluso después de tantos años). O como dicen: «Yo no creo en las brujas, pero de que vuelan, vuelan».

En lo personal, respeto profundamente las creencias de cada persona; de hecho, de esas creencias personales, de las que cada quien traía o de las que le hayan quedado después de vivir una muerte tan cercana, ya que todo se mueve, es de donde se parte —cuando llega una persona a un acompañamiento de duelo— para iniciar su propia reconstrucción.

Solo diré que yo sí creo en la continuidad; me parecería un absurdo y un sinsentido que no fuera así, pero esa soy yo y cada quien tendrá que preguntarse y encontrar la paz en sus respuestas. Como siempre he dicho, mi mamá me parió cuando nací y yo me parí cuando tuve mi crisis existencial acompañada de la muerte de mi hermana, y el trabajo de parto suele ser bastante doloroso, pero nacer a la vida vale la pena.

6
Recuerdos que nos teñirán por siempre

Nadine era cinco años menor que yo, solía ser nuestro sol y a veces también nuestros huracanes, un remolino brillante. Simpática, alocada, escandalosa hasta para bajar las escaleras, lista y de plática amena, con mucho porte.

No se conformaba con llegar a los lugares, irrumpía en ellos, ya fuera con la altura, la carcajada o un simple paso y la mirada decidida. Era sonámbula como pocas he conocido: podía aparentemente despertar, tener una conversación telefónica, quedar de verse con esa persona y jamás llegar a la cita, ya que ella volvía a recostarse sin haber registrado el evento.

No era fácil enojarse con ella porque le quitaba importancia al conflicto: «¡Ay ya bájale, bájale!», decía. Sumamente decidida y tenaz, como cuando toreó una vaquilla con el brazo recién roto y medio inmovilizado por saltar mal la barrera minutos antes. Chistosa, simple y ocurrente, como el día que en un concierto de Miguel Bosé, un tipo que estaba sentado en su lugar no se quiso quitar y ella con toda tranquilidad se plantó en su regazo; cuando él finalmente, apenado, decidió marcharse, ella solo dijo: «Lástima, veía mejor en sus piernas»; o como la vez que fuimos al consulado español para tramitar la nacionalidad, y cuando el cónsul con toda solemnidad le preguntó a Nadine «¿Juras lealtad al rey?», ella le contestó: «Al rey no». El honorable diplomático puso cara de incomprensión y ella simplemente prosiguió: «Yo al príncipe, porque está muy guapo». O cuando siendo mesera en Londres le vació por accidente una cerveza a una comensal sumamente prepotente que al sentirse mojada comenzó a gritarle en un idioma que no entendía y ella con toda parsimonia tomó un trapo y la secó diciéndole en español en un tono muy amable: «Ay, cabrona, no sabes qué gusto me da que fuera a ti a quien bañara esta cerveza».

Mal hablada, creo que eso ya quedó claro. Generosa a manos llenas. Detallista, como cuando justo antes de morir decidió darnos regalos a todos los que nos debía de cumpleaños; y despistada, en esto último nos parecíamos, aunque con el tiempo yo me lo he logrado sacudir un poco… Una vez llamó a la casa para que le llevara el repuesto de las llaves del coche porque se las había dejado dentro. Encolerizada por tener que interrumpir mi día, monté al coche volando y llegué al sitio, ella me miró con cara de arrepentimiento y estiró su mano, a lo que contesté molesta un simple:

—¿Qué?
—Las llaves —me dijo.
—¡Las llaves, claro! —contesté— . No me las traje.

Son esos detalles que uno rememora, esas cotidianidades tan sencillas o tan burdas, y tan únicas de la gente, las que van tejiendo la historia entre dos personas; y son esas mismas memorias y anécdotas que cuando alguien muere resultan tan dolorosas de dejar ir, además del hecho de saber que ya no habrá nuevos sucesos. Los relatos llegaron hasta un punto y no habrá más novedades. Eso es algo muy duro de digerir.

«Nadie nos advirtió que extrañar es el costo que tienen los buenos momentos».

MARIO BENEDETTI[7]

Es curioso esto de la nostalgia, porque no solo se extraña lo que a uno le gustaba de la persona, sino incluso lo que a uno le molestaba. Recuerdo que la pasaban a recoger unos amigos para ir a la universidad. Casi nunca estaba lista, habían días incluso que se despertaba cuando se escuchaba el sonido de la bocina del coche y acompañando iban todo tipo de improperios que ella gritaba para anunciar al resto de la casa, aún dormida, que se había quedado soñando en lugar de alistarse, yo solo pensaba: «¡Otra vez! ¡Cuándo va a aprender esta niña!».

El primer lunes después de su muerte, cuando me desperté, no olvido que lloraba en mi cama y rogaba a la vida: por favor, que sonara un claxon, que pasara un coche y pitara, un ruido, por favor, aunque no fuera el que venía por ella, por piedad, un sonido que me sacara de ese suplicio, solo un ruido perdido que me evadiera de esa realidad que no pedí, que no deseaba, «¡sáquenme de aquí!», gritaba yo por dentro… silencio, solo silencio me contestó la vida,

---

7. Benedetti, Mario (24 de enero de 2016). «Nadie nos advirtió que extrañar, es el costo que tienen los buenos momentos» [Twitter]. Recuperado de «https://twitter.com/BenedettiDijo/status/691310595438555136».

porque a veces silencio y soledad es lo que necesitamos aunque queramos ruido y distracción; y mientras más pelea le demos a nuestra nueva realidad, mientras menos aceptemos nuestro nuevo presente, más largo y difícil haremos el camino, solo que a veces no sabemos por dónde, no tenemos las herramientas o simplemente no podemos liberar, no queremos dejar ir y nos aferramos al pasado. Es válido, solo que hace más lento el proceso.

Cuando se vive con la persona que fallece, la extrañas tanto que uno mismo se siente perdido, extraño de vivir la vida sin la persona que murió, y es porque además de que te hace falta ella, echas de menos todas sus rutinas que de alguna manera formaban parte de la tuya y queda impreso el mundo con sus recuerdos que, a la menor alusión y a veces en el momento menos esperado, te revientan en la cara de manera bastante desoladora, y uno cree que va en retroceso, pero no; es completamente normal sentir que estamos en el principio de nuevo, que no hemos avanzado nada. El proceso de duelo no es una línea recta hacia arriba, se parece mucho más a una espiral o a una montaña rusa, de las fuertes.

Sin embargo, siempre queda lo compartido. Esos recuerdos de apoyo y cariño son el regalo de la vida y desde ahí es donde se reconstruyen mucho las pérdidas. Al final la conclusión es siempre la misma, a pesar del gran dolor que trae la muerte mereció la pena conocer a esa persona, no hay canje posible, nadie quiere borrar de la memoria ni un instante de lo que pasamos juntos, porque valieron oro cada uno de los momentos que la vida nos regaló a su lado. En el caso de Nadine, la tuvimos 20 valiosísimos años.

7
La pérdida y el cambio

La resiliencia es la capacidad de superar experiencias muy difíciles y adaptarse positivamente. Es dejar ir el pasado y aceptar el presente. La resiliencia es una de las mayores cualidades que puede tener una persona, pues el mundo es incierto, y la mayor beneficiada con esta cualidad será la persona misma. Afortunadamente podemos cultivarla, vivir el duelo de forma consciente es una forma de desarrollarla.

La muerte, aun siendo la cosa más natural de este mundo, en nuestra mente no tiene explicación que nos satisfaga. Nadine murió porque a la camioneta en la que iba se le reventó una llanta, que por cierto era nueva; el chofer poco experimentado frenó y la camioneta al trabar las ruedas dio varias vueltas, en una de las cuales mi hermana salió volando por una ventana porque no traía el cinturón de seguridad puesto, en ese entonces no era común ponérselo al ir en la parte trasera del auto. Falleció instantáneamente por un golpe en la cabeza.

Ella iba en una supercarretera de doble carril en excelente estado, en un buen transporte, es decir, en principio no estaba en una situación de peligro. Yo, en cambio, en ese momento —y lo sé por la hora en que murió— estaba camino a Chichicastenango, en un camión muy viejo y en mal estado, en una carretera peligrosa llena de curvas y barrancas; el chofer manejaba con poca precaución, pues lo vi rebasar en varias curvas y yo iba nerviosa por eso.

En síntesis, ambas estábamos en la carretera al mismo tiempo, a simple vista yo era la que estaba en una situación de peligro, en cambio, su traslado parecía seguro, pero la que murió fue ella, no yo. La muerte no tiene lógica, muchas veces es absurda; sin embargo, nos empeñamos en querer entender por qué sucedió y ahí nos atoramos mucho, luchamos y nos negamos a aceptar lo inevitable. Lo llamo inevitable porque ya pasó, hoy no lo puedo evitar ni cambiar el pasado. Sin duda es sumamente duro, pero no hay marcha atrás.

«Los problemas desaparecen tan pronto como se aceptan, pero se agrandan y complican cuando se entra en conflicto con ellos. Claro que hay dolor y con él viene el miedo. Pero acéptalo porque no hay nada que puedas hacer al respecto. El dolor es parte de la vida y del crecimiento, y no hay nada de malo en él. El dolor se convierte en algo malo solamente cuando la persona sufre y no aprende nada de su dolor. Yo quiero decirles que cuando el dolor deja lecciones es una fuerza creadora. Acéptalo y atraviésalo, no escapes. Es una dimensión completamente diferente en la cual debes trabajar».

Osho[8]

---

8. Tomado de Moreno, Enrique (18 de enero de 2017). Los problemas desaparecen tan pronto como se aceptan Osho [Archivo de video]. Recuperado de «https://www.youtube.com/watch?v=nus684c8cH4».

Es una dimensión completamente diferente, porque es algo absolutamente nuevo por su intensidad y su profundidad, y hay que adentrarse a las cosas nuevas para poder experimentarlas, entenderlas y traspasarlas. Hay que vivir el dolor.

¿A dónde nos lleva una pérdida? A un cambio, es inevitable. Pero existe una sutil diferencia. La pérdida nos quita algo de la vida, no es una opción; pero por otro lado, el cambio puede añadir algo a la vida, y ser una posibilidad. Yo puedo elegir cómo vivirlo: resistirlo, soportarlo o abrazarlo y darle la bienvenida.

Pero ¿qué actitud tomar ante el inevitable cambio? ¿Qué hacer cuando este requiere valor, pero nos encuentra temblando en un rincón de nuestras almas, convencidos de que supone el fin de la vida?

Ciertamente, como ya lo mencioné, es el fin de la vida como la conocíamos hasta ese momento. Todo se transforma y ya nada tiene sentido. Nos encontramos en un presente absurdo, porque nada significa ya nada. El sentido se pierde en el vacío. Ahí empieza una gran labor: la de renombrar de nuevo todo para volver a encontrar el sentido que hoy no existe.

Desde que empiezo a soltar y a renunciar a esa realidad que tenía, puedo empezar a renombrar mi nuevo mundo.

Cuando yo no dejo ir, tengo las manos llenas, llenas con el pasado, con mis recuerdos, y eso me impide crear; no puedo recibir porque el espacio ya está lleno, necesito vaciar para poder volver a llenar. Es un principio muy simple pero si no lo llevo a cabo no puedo avanzar.

Lo que no se suelta se pudre.

Puede ser que me estanque en esa parte del proceso. Hay gente que construye jaulas de oro para sus duelos, sus sufrimientos, y creen que ese dolor es solo suyo, no lo quieren ni compartir, lo empiezan a atesorar y no lo sueltan; ese es un punto de atore y de letargo muy fuerte en el que se puede uno quedar por mucho tiempo e impide avanzar en el proceso de duelo.

Pero YO NO SOY ESE DOLOR, es simplemente un sentimiento que estoy viviendo, el problema es cuando me empiezo a identificar tanto con él que termino sintiendo que sí soy ese dolor. Aquí me remito a un principio de Cecura:

«Puedo ver la vida como un todo y no engancharme en los fragmentos».[9]

Si me centro en el fragmento del dolor creo que eso es todo en mi vida, y dejo de ver todo lo demás. Cuando acepto que no soy ese dolor y me atrevo a sentirlo, atravesarlo (porque no hay otro camino para llegar a la otra orilla más que vivirlo) y finalmente liberarlo, doy un paso muy grande.

¿Qué es soltarlo?

Aceptar que nunca volverá a ser como antes. Esta parte es muy dura, muy cruda y fuerte, pero es la realidad; lo que me puede ayudar a liberar es saber que aunque no será como antes, sí puede llegar algo bueno, solo debo tener en cuenta que será diferente.

---

9. Centro de Curación de Actitudes (Cecura). *Principios de Cecura.* Recuperado de «http://www.cecura.org.mx/principios-guia/».

¿Por qué nos cuesta tanto dejar ir?

A veces por querer tener la razón, porque me da **coraje** que pasó algo que yo no quería o que no pude controlar o que me hicieran algo que no me merecía. Otras veces es por **miedo** a enfrentar una nueva realidad diferente a la que conocía, que me gustaba o que me daba seguridad, una nueva vida sin la persona que quería o con cambios que no quiero aceptar.

Qué tanto podamos ir soltando, tiene mucho que ver con nuestras **expectativas** y nuestros **apegos**. ¿Por qué cuando muere alguien mayor, un abuelo, una abuela, aun siendo muy queridos, es más sencillo dejarlos ir? No es porque los queramos menos, sino porque es más fácil **aceptar** su muerte, porque en nuestra mente es más sencillo acomodar ese hecho, ya que pensamos que ya era su momento de partir, que ya había vivido su vida. En cambio con alguien joven nos negamos a aceptar el hecho, cuando la realidad es que desde que nacemos nos podemos morir.

El día que yo **solté el dolor**, supe varias cosas:

- Que no me convenía pelearme con él, porque **lo que resiste, persiste**.
- Que había sido parte importante de mi duelo, que había que **vivirlo**, no evitarlo.
- Que fue mi maestro, pues a través de conocer y vivir el dolor puedes tener una mayor **empatía con la gente que sufre**, puedes **vivir más intensamente,** pues **te sensibilizas** más; sientes las penas más hondo, pero también las alegrías.
- Que **no era mío**, que no debía atesorarlo porque se convertiría en sufrimiento.

- Que era importante **darle las gracias y dejarlo ir**… y así lo pude liberar.

No es fácil, pues es un proceso largo y tedioso y dura más de lo que quisiéramos. Además requiere de valor y constancia.

¿Qué no ayuda en un duelo?

- Algunas personas se encierran en el pasado, se retiran del mundo, se aíslan, se acomodan y van sobreviviendo.
- Otras desarrollan hábitos nocivos, como cualquier tipo de adicciones, o caen en depresiones profundas porque la idea de vivir de otra forma es demasiado para ellas.
- Algunas más reemplazan rápidamente a quien murió por otra persona o idealizan a quien falleció.
- Tampoco es bueno tomar ninguna decisión importante en un proceso de duelo.
- Hay personas que evaden: cambiando de residencia, deshaciéndose rápidamente de todos los recuerdos o no tocando nunca las pertenencias del que murió; todo lo anterior para evitar sentir.
- No ayuda imponerse una falsa fortaleza, no descansar o continuar como si nada hubiese sucedido.
- Tampoco hacerse la víctima.
- No es sano en una familia que alguien tome el rol de quien murió. Ejemplo: el hijo que toma el rol de padre. Se pueden hacer algunas actividades de quien murió, por cuestiones prácticas, pero nunca tomar el rol (la responsabilidad, la autoridad), eso causa mucho daño en el sistema familiar.

Cabe mencionar que las pérdidas no vienen solas. Toda pérdida tiene ganancias secundarias positivas y negativas, además de pérdidas secundarias. Las ganancias secundarias positivas son, por ejemplo: que la muerte me lleva a valorar lo que sí tengo, a hacerme más empático con el dolor del otro, más humano, más consciente de la existencia. Una ganancia secundaria negativa, donde no hay que instalarse, sucede cuando muere alguien y las personas alrededor del doliente por lástima son más atentas, y si se trata de alguien que necesita la aceptación y la atención para ser feliz, entonces asumirá el papel de víctima para perpetuar esa atención.

Las pérdidas secundarias son, por ejemplo, que cuando se pierde a la pareja no solo se pierde a alguien, también puede quedarse uno sin la seguridad económica o el apoyo moral. O cuando un niño se queda sin sus padres, pierde además su seguridad, su guía en la vida, su estabilidad, tal vez su casa, su familia.

Es importante mencionar que en un proceso de duelo, si no soy capaz de ver las pérdidas secundarias, no voy a poder ver las ganancias secundarias y estas son muy importantes para poder resolver un duelo, porque ahí es donde encontramos algo de significado y de sentido.

Una vez asumida la pérdida, descubro que no puedo volver a ser lo que era antes, pero puedo ser alguien nuevo. Justo cuando creemos que no tenemos nada, en ese gran vacío, aprendemos que nos queda nuestra propia vida y ahí empezamos a descubrir muchas cosas. A través de la pérdida podemos encontrar riquezas acumuladas en nuestro yo, como la confianza a pesar del dolor.

Mi experiencia con esta vivencia fue pensar: «si pude con esto que creía imposible, puedo con lo que sea», y me dio una sensación de fuerza muy grande.

Decidir vivirla como un cambio, no como una pérdida, es la invitación a vivir otra vida, a aceptar el resto de ella, a desarrollar la plenitud de la existencia en nosotros; es abrir la puerta hacia otras áreas del alma, de una parte muy profunda de nuestro ser.

Hay una imagen que me gusta mucho en la cuestión del soltar y de la confianza y es la del **trapecista**. Cuando este tiene que dejar ir un trapecio para tomar el otro, empieza a tomar vuelo, pero hay un instante entre que suelta un lado y toma el otro que se queda suspendido en el aire, está libre de todo, nada lo sostiene, solamente su confianza, pues sabe con certeza que justo antes de caer llegará el otro trapecio a su mano.

Así es a veces este acto de liberar, cuando por fin me atrevo a hacerlo hay un instante en el que me quedo sin nada, con las manos vacías es un momento negro, de gran duda, solo quedan la fe y la confianza y ahí es donde encuentro mi fuerza para llegar a la otra orilla, sabiendo que siempre habrá alguien que me tienda la mano. Pero si yo no soy capaz de soltar el primer trapecio, este perderá fuerza, al final quedaré colgado y terminaré cayendo al vacío, por eso una vez que tengo el impulso suficiente necesito atreverme a dejar ir.

En este punto me gusta agregar que puede haber veces que incluso si nos caigamos, porque las cosas no salieron como esperábamos o porque al final no nos atrevíamos a soltar a tiempo; pero tampoco pasa nada, siempre habrá abajo una red de apoyo, de amigos, de familia, de fortaleza interior y de fe, que nos tenderá la mano para volver a intentar realizar los malabares que a veces la vida trae consigo.

Existe una falsa creencia con respecto a la **fortaleza**. Pensamos que es fuerte aquel que lucha incansablemente, que nunca se derrumba, que jamás llora, cuya coraza es tan potente que nada lo puede penetrar, y entonces cuando alguien muere nos dicen: «hay que ser fuertes, como robles». El roble es un árbol sumamente robusto, pero con ninguna flexibilidad; resiste, pero el día que cae, lo hace de golpe y se rompe. Cuando uno trata de controlar sus sentimientos, de no llorar para ser fuerte, esto solo crece por dentro y llegará el día en que nos puede romper.

> *La verdadera fortaleza no está en resistir, sino en fluir; en saber ser flexible con lo que suceda, en permitirse llorar y tocar fondo para tomar impulso.*

> *La fuerza no está en la lucha, sino en la interiorización, en el conocimiento, en la certeza de que expresar los sentimientos no debilita, sino que ayuda a la conexión y en la aceptación de la realidad como es, no como uno quisiera que fuera.*

8
Vivir un duelo

Un duelo es un camino de dolor que se da en una secuencia de etapas en un lapso de tiempo. Es un proceso natural, mental, emocional y espiritual ante el dolor de una pérdida.

¿Qué significa vivir o trabajar un duelo? En primera instancia es reconocerlo, saber que uno está pasando por esa etapa, que nadie la puede hacer por mí y que **no me la puedo saltar**, que la tengo que vivir. Ahora que acompaño duelos, he aprendido que si mi intención es que a toda costa el otro se sienta bien no estoy acompañando, estoy rescatando. Debo permitir que el otro viva su proceso, que lo sienta, cada quien tiene su tiempo; debe vivirlo y llegar a su aprendizaje, yo solamente puedo caminar a su lado y a veces sostener la mano sin acelerar el paso. Hay cosas en la vida que no se arreglan, solo se pueden acompañar.

Esto que expreso sirve para cualquier persona que esté cercana a un doliente, o a cualquier ser querido que esté pasando por un momento difícil en su vida, **nadie salva a nadie**, cada quien tiene que andar su camino. Es importante que la persona vaya validando todos los sentimientos que le surjan sin juzgarlos y a la vez ir poniendo atención a los pensamientos para no alimentar las emociones, solo sentirlas.

Por ejemplo, si tengo tristeza: tengo tristeza y lloro, está bien. Pero si a esa tristeza le agrego pensamientos como «¿por qué me tuvo que pasar esto?», «no es justo, yo soy una buena persona», o me voy al pasado y me lamento de que nunca volveré a estar con esa persona y alimento ese pensamiento, o empiezo a preocuparme por el futuro y pienso «¿qué va a ser de mí sin esa persona, cómo voy a vivir sin ella?», entonces, inevitablemente convierto el dolor en sufrimiento y es mucho más complicado trabajarlo. Obviamente es algo que sucede, pero mientras más observe mi mente, decida parar y dejar de alimentar esos pensamientos que me lastiman y simplemente permita y viva la emoción sin juzgarla, más rápido podré ir soltando y dando sentido a la experiencia.

Por eso para los niños es más fácil, porque ellos están mucho más en el presente que nosotros y logran llorar y luego volverse a concentrar en su juego o en lo que estén haciendo.

Claro que es inevitable que me lleguen esos pensamientos, pero yo puedo decidir ponerles un alto, si no lo hago, estos me irán sumiendo en una maraña mental de juicios mezclados con miedo que irán desconectándome de mí y alejándome de mi esencia y de mi paz interior, que finalmente es lo que se quiere recuperar en momentos así.

La claridad mental es sumamente importante, por eso es que hay que hacer un ejercicio continuo de observar la mente, respirar y parar, porque en última instancia cada quien es responsable de cómo ve las cosas.

Otro problema muy frecuente que puede suceder es reprimir el sentimiento. Recuerdo una ocasión al poco tiempo de la muerte de mi hermana en que fuimos al cine con unos amigos. La película no era triste, pero yo sí estaba muy triste; sin embargo no me permití llorar, porque no era lo adecuado con la película y aguanté el llanto un buen rato. Cuando terminó salimos y ahí me desmoroné, no podía parar de llorar. Eso pasa cuando no dejamos salir un sentimiento que por dentro nos lo está pidiendo.

Está bien llorar, está más que bien, es lo indicado en ciertos momentos, no importa si no es lo adecuado por las circunstancias o el entorno, hay que buscar la forma de darle expresión, salida; a veces en efecto hay que esperar un poco, pero hay que retomar eso que quedó atorado o nos explotará como un mar salado que quiere emerger en cascada por nuestros pequeños ojos.

La reacción desmesurada que tuve en este caso fue porque no supe darle una sana salida a tiempo. Hubiera sido más sencillo salir a media película, llorar un rato y volver a entrar, no se hubiera acumulado e incrementado la tristeza.

Esto es un ejemplo muy sencillo, pero ¿qué pasa si empiezo a hacer un hábito el guardarme los sentimientos? Terminaré somatizándolos en una enfermedad porque ellos de alguna forma buscarán la salida.

Durante un duelo es muy importante tener esto presente y trabajarlo así, para ir soltando y sanando las heridas.

También puede llegar a suceder que al regresar a la rutina, ya sea por necesidad o por evasión, me empiece a desconectar de mis sentimientos, y de pronto un día, de la nada, comienzo a llorar sin razón aparente. Dicen que cuando lloramos por cosas simples, muchas veces es que estamos al límite y no nos hemos dado cuenta. En estos momentos hay que mirar hacia adentro y con humildad, sinceridad y mucho cariño hacia nosotros mismos, revisar qué sucede, sin juicio, solo reconocer para tener claridad.

«Cuando no sabes hacia dónde ir, ve al silencio».

Roberto Zatarain Leal[10]

Un duelo por muerte es una experiencia tan fuerte que uno pasa por muchos estados emocionales muy intensos, y por eso básicamente todo está bien y es natural, lo que no es sano es quedarme en uno de esos estados, porque **en un duelo tiene que haber movimiento**. Puedo tocar la tristeza profunda y luego dejarla ir, puedo tocar el coraje intenso y después soltarlo y así es un vaivén continuo.

Hay tres parámetros de medición en un duelo:

INTENSIDAD
Qué tan fuerte es lo que siento o experimento

FRECUENCIA
Qué tan seguido se repite esta emoción o sensación

DURACIÓN
Qué tanto dura cada vez que se presenta

Estos tres suben y bajan dependiendo el caso hasta que poco a poco, con el tiempo y el trabajo de duelo, empiezan a estabilizarse y a descender.

---

10. Zataraín Leal, Roberto (robertozatarain). «Ve a la nada…». Recuperado de «https://www.instagram.com/p/BgWw3x4FEq8/».

Pero si yo no trabajo una muerte, lo que sucede es que con el tiempo va pasando mi vida de un negro a un gris, pero nunca vuelve a tener color. Es decir, no trabajo los sentimientos, no les doy salida; no voy aceptando, soltando ni reconstruyendo, no le voy dando sentido y me quedo en un estado continuo de pérdida y depresión.

Vivir un duelo es tener de pronto una herida profunda sobre una piel que estaba sana. Puedo decidir taparla, ignorarla; pero tal vez esta se infecte, supure y me traiga otras desagradables consecuencias, o puedo decidir echarle alcohol y tallarla para curarla, es decir, trabajar el duelo. Será un proceso muy doloroso, pero a la larga la herida sanará, podré volver a mover esa articulación, quizás incluso algún día dejará de doler por momentos o al menos el pesar será mucho menor; pero siempre, y eso es inevitable, quedará ahí una cicatriz. Después de algo así mi piel jamás volverá a ser como antes y, al mirarla, esta me recordará ese dolor que viví, pero también ese aprendizaje y el agradecimiento de que uno tuvo el regalo de coincidir en la vida con esa persona.

«Respeta tu dolor y tu manera de expresarlo. Pero **no te mueras con tus muertos**».

RENÉ JUAN TROSSERO[11]

---

11. Trossero, René Juan. *No te mueras con tus muertos,* Distribuidora Editor Más Libros, 1987.

Llega un punto en que necesitamos amarnos lo suficiente para ser duros con nosotros mismos y decirnos de frente esas terribles realidades que conlleva la muerte. Ver las cosas como son, no como hubiéramos querido que fueran, y empezar a aceptar esto.

Cuando alguien muere nos enfrentamos a una realidad tan cruda, que después de vivirla, sentirla y llorarla, lo único que se puede hacer para seguir adelante, para sobrevivir a ese absurdo que es la muerte, es bajar a esa total destrucción y, en medio del desconcierto y el caos, tener el coraje de ir a buscar donde se haya escondido el sentido de la vida, lo bello de existir, y desde ahí comenzar a reconstruirlo todo. Si no logro acercarme ahí, aceptando la fragilidad humana, es difícil encontrarle de nuevo color a la existencia.

Es un acto que requiere mucho valor y entereza para dejar ir lo que se soñaba, y aceptar que lo nuevo puede tener su propia belleza.

«Todos estamos rotos, así es como entra la luz».

Ernest Hemingway y Leonard Cohen[12]

---

12. Hemingway, Ernest. *A Farewell to Arms,* Scribner Book Company, 1929:
    «The world breaks everyone and afterward many are strong at the broken places». («El mundo rompe a todos y después muchos son fuertes en lugares rotos».)
    Cohen, Leonard. «Anthem» del disco *The Future,* Columbia Records, 1992: «There is a crack, in everything. That's how light gets in». («Hay una ruptura en todo. Así entra la luz».)
    Se cree que de la fusión de ambos surgió la frase:
    «Todos estamos rotos, así es como entra la luz.»

9
Liberando el sentimiento

Otra cosa que aprendí entonces de los sentimientos es que no se quedan solo en nuestro cuerpo.

Yo soy escultora y en aquel entonces empezaba a dar mis primeros pasos en el arte de esculpir. A la semana de que había muerto Nadine, llegué a la clase y sin decir una palabra tomé el barro y me puse a trabajar. Conforme llegaban los compañeros el ambiente se iba tornando denso. Yo no hablaba ni lloraba, estaba seria y concentrada, pero con una profundísima tristeza que se desbordaba por todos los poros de mi piel.

Cuando uno trabaja la tierra y el arte, se abren aún más los sentidos. Siendo un grupo muy armónico, ese día hubo alumnos que se empezaron a sentir mal sin saber por qué, tuvieron que salir a tomar el aire. La maestra que sí sabía lo que me sucedía estaba ocupada y, cuando llegó a la clase, encontró una densísima energía. Me miró con mucho cariño y me dijo: «¿Qué relajo energético acabas de hacer, Chantal? ¿Les podrías explicar por favor lo que acabas de vivir y por qué se sienten todos así, para que sepan que lo que están sintiendo no es suyo, sino tuyo?», con una triste sonrisa le contesté: «Sí» y empecé a hablar.

Ese día me quedó muy claro que los sentimientos, aunque no se compartan, aunque se oculten, se nos desbordan del cuerpo porque finalmente son energía, y como en ese momento mi emoción era muy fuerte, los demás claramente la percibieron, pero no sabían de dónde venía. A veces podemos sentir algo que no es nuestro y simplemente hay que estar atentos, por ejemplo, es bueno después de ir a un lugar en donde hay mucha tristeza, como algunos funerales, darse un baño, pues el agua ayuda a limpiar y a quitar esa energía que no es nuestra.

Pero ¿qué hacer con los sentimientos no deseados que hay dentro de cada uno de nosotros? Debería existir en las escuelas primarias una materia que se llamara Manejo de sentimientos, ya que nunca nadie nos enseña cómo trabajar con ellos, y es algo sumamente importante, que nos evitaría muchos problemas en la vida cotidiana. Pero en vista de que tal materia no existe, espero en las próximas hojas dar un poco de luz al respecto.

En primer lugar, y como ya lo mencioné anteriormente, los sentimientos no son ni buenos ni malos, lo bueno o lo malo es lo que yo haga con ellos.

En segundo lugar, en vez de luchar por que estos se vayan, hay que darles su espacio y, sin resistencia, observarlos; sin juicio, dejarse sentir a fondo, permitirse experimentar sin luchar. Si no lo hago y trato de huir, cuanto más resista mi miedo a sentir, más me va a controlar y va a persistir. Si le doy permiso al sentimiento, no importa cual sea, de permanecer un tiempo, de pasar a través de mí, de fluir, irá encontrando su salida. Necesitamos permitir que el sentimiento nos traspase: lo dejo entrar, lo siento y lo dejo partir.

El duelo es como poner una lupa sobre las emociones, ya que estas se ven engrandecidas y expuestas.

Por contradictorio que parezca, la única forma de dejar de sentir algo es permitiéndote sentirlo profundamente, después ya lo podrás liberar.

> *Tener miedo a sentir es tener miedo a vivir.*
> *La vida es sentir.*

Vivimos en una sociedad que huye del dolor y solo enaltece el placer a través de una obsesión por la felicidad permanente que no solo no tiene sentido, es que no existe ese estado feliz constante. Hay una cosa muy importante que nos rehusamos a entender y que no queremos aceptar: la tristeza, el dolor, el coraje, la angustia, la duda, la confusión, el miedo y la muerte son parte de la vida. ¿Hoy estas vivo? Sí. Pues es imposible evitar sentir todo esto. No es algo malo, simplemente es parte de la vida. Cuando acepto este hecho, cuando me rindo ante esta realidad, puedo empezar a tener paz.

A manera un poco en broma, un poco en serio —porque detrás de cada broma hay una verdad escondida—, diseñé este programa para explicar mejor esto:

Universidad de la vida

Licenciatura de Pérdidas

Materias del primer semestre:

Dolor profundo: tristeza y enojo
Desesperanza y sinsentido
Miedos: al futuro, a sufrir, a perder más
Amigos verdaderos
Optativa: sufrimiento

Materias segundo semestre:

Aceptación de la realidad
Soltar el pasado

Sentido de vida
Nuevos proyectos
Agradecimiento y paz interior

Consejos prácticos para este año de intensos aprendizajes:
SI NO CURSAS EL PRIMER SEMESTRE, NO PUEDES PASAR AL SIGUIENTE.
Si evitas alguna materia del primer semestre, la tendrás que tomar el próximo. No te puedes saltar ninguna.
Tú decides cuándo.
Vivir estas materias es tu trabajo más importante este año.
El tiempo pasará muy lento, no trates de acelerarlo, no se puede.
Toda persona viva, en algún momento de su existencia, tendrá que cursar esta licenciatura.

Para experimentar los sentimientos sin juicios y poder vivirlos, para liberarlos, sugiero el siguiente ejercicio, que puede ser muy útil.

Por un momento cierra tus ojos, relájate, respira profundamente y, en vez de pensar en cómo dejar de sentir lo que no te gusta, experimenta: qué sientes en tu cuerpo en este momento, recorriendo lentamente cada parte de él, en lugar de razonarlo, de buscar soluciones, de planear cómo evitarlo. Detén el rollo mental del pasado y del futuro y simplemente pon atención al presente, enfócate en sentir, en el aquí y el ahora, sin pensar en ningún momento si estás sintiendo algo bueno o malo, NO JUZGUES.

Observa tu cuerpo, si hay tensiones, cómo son, solo míralas, sin querer hacer nada con ellas. Ayúdate con la respiración acompasada, lenta y profunda. Ábrete a las sensaciones y a las emociones sin etiquetarlas de agradables o desagradables, solo identifícalas sin pretender cambiarlas, permíteles que estén ahí y aunque suban o bajen de intensidad, solo obsérvalas. ¿Cómo son? Tienen forma o color, ¿dónde se sienten? Mira si se mueven, ¿cómo lo hacen? Siente sin la expectativa de que ya se vayan, solo deja de luchar, de querer arreglar y acepta tu presente, sin miedo a lo que experimentes, explora el sentimiento como si fuera algo nuevo por conocer, lo observas con atención, sin querer guiar, solo mira, solo agradece tu capacidad de sentir.

Se trata de aceptar lo que estás sintiendo, sin expectativas, sin juicio, y sueltas el control. Implica que te expongas y seas honesto con lo que de verdad sientes. Si no sientes nada, no se trata de forzar, espera un poco, acepta sentir que no sientes nada, está bien, fluye y sigue observando. Permite a tu cuerpo hacer lo que sienta el impulso de hacer: gritar, llorar, moverte o quedarte inmóvil; déjate fluir para darle un lugar al sentimiento. No pienses, solo siente y sé el espacio para esas sensaciones.

Ahora di: «Sí, acepto sentir lo que estoy sintiendo».

> *Aceptar algo es: NO quererlo cambiar.*

Aquí está el truco: cuando de verdad aceptas un sentimiento y NO deseas cambiarlo, le permites estar en ti, vivir en ti, es cuando (después de algún tiempo o tal vez de inmediato, eso varía) se liberará y finalmente se irá. Hay que sentir solo por sentir, para descubrir lo que hay detrás, y después de quitar todas las capas, en ese espacio de no pelea, de total aceptación y rendición, es donde puedes recuperar tu centro, recordar tu esencia, recibir tu paz. La paz no implica dejar de sentir lo que sentías, significa solamente que ya no te peleas con eso y que lo aceptas sin quererlo cambiar.

Al final, respira profundamente, agradece (a ti mismo, a Dios, a la vida, a lo que sientas) y valida lo que acabas de hacer.

Dos sugerencias:

1. Después de vivir procesos emocionales o mentales fuertes es importante hidratarse bien para evitar dolores de cabeza, ya que estos consumen mucha agua en nuestro cuerpo. Por ejemplo, después de recibir la noticia de un fallecimiento cercano.
2. Si uno no está familiarizado con el reconocimiento de los sentimientos, algo que puede ser muy útil es llevar un diario de emociones. Durante varios días, estar atento a lo que siento y en una libreta o incluso en el celular ir anotándolos, al final del día puedo releerlos todos y observar la cantidad que tengo, cuáles son los más frecuentes y así aprender a irlos identificando rápidamente. Esta autoobservación ayudará a irme conociendo y me dará claridad, algo muy útil en todo proceso de duelo.

10
El acompañamiento de duelo y sus aprendizajes

※-※-※-※-※-※-※-※-※-※-※-※-※

«No puedes dejar atrás lo que llevas dentro».

Refrán de los indios americanos[13]

※-※-※-※-※-※-※-※-※-※-※-※-※

En los meses que siguieron a la muerte de mi hermana, trataba de huir de mí, pero la soledad me encontraba en cada esquina. Eran tantas mis ganas de evadir la realidad que pensé si no estaría empezando a pisar la locura.

Entre otras cosas, me sirvió ir a un acompañamiento de duelo para saber que esa cantidad de sentimientos, esa olla de presión de emociones, era normal; que vivir un constante sube y baja dentro de mi cabeza y estar agotada era por lo que tenía yo que pasar; que tener un dolor enorme era lo natural; que perder el sentido de todo

---

13. Citado en Shapiro, Francine. *Supera tu pasado*, Kairós, 2012, p. 183.

también lo era y que incluso sentir que jamás podría salir adelante y desear a veces la muerte era lo que tocaba vivir en ese momento. Saber que todo eso era normal me dio mucha paz, pues al menos entendí que no me estaba volviendo loca.

A las pocas semanas de que murió Nadine empezamos a ir los cuatro al acompañamiento de duelo: mis papás, Gisèle, mi otra hermana, y yo. Estábamos tan mal que lo único que deseábamos era estar un poco mejor, salir de ese agujero negro en el que las circunstancias de la vida nos hacían sentirnos presos. ¿Qué habría pasado si no hubiéramos ido a ese acompañamiento de duelo? A veces me lo pregunto. Creo que tal vez sí hubiéramos logrado salir, pero hubiéramos tardado más y lo más seguro es que no lo hubiéramos vivido con tanta conciencia ni habríamos adquirido todo lo que finalmente aprendimos de esa experiencia tan dolorosa.

Por eso siempre estaré infinitamente agradecida con la maravillosa mujer que me acompañó en ese momento, y con todo el amor me escuchó, me permitió llorar, me explicó qué era normal, me tomó de la mano en todas mis bajadas y me ayudó a remontarlas con sentido. Como le dije un día: «Es tan grande lo que tengo que agradecerte que sé que nunca lo podré hacer, y la única forma es hacer yo lo mismo con otras personas»; y así fue como decidí prepararme para esa labor; pero también debo agregar que lo hago porque me gusta y porque es el momento en que más me conecto conmigo y con el presente.

¿Por qué sirve un acompañamiento de duelo? Cuando hablo con alguien es muy diferente que cuando estoy dándole vueltas a los pensamientos en mi mente. Cuando tengo que exponer algo, tengo que obligarme a ordenar las ideas, darles lógica y sentido para que el otro me pueda comprender, y en ese acto de explicarle al otro comienzo por explicármelo a mí, a través de una reflexión profunda.

En el grupo de crecimiento que acompaño cada semana, hay una señora que suele decir con sencillez y mucha sabiduría: «Yo vengo aquí a escucharme».

Por otro lado, el hecho de hacerlo frente a alguien que sabe del tema me puede servir mucho para que me dé claridad, para comprender cómo es ese proceso y entender que tal vez muchas cosas que estoy viviendo con tanta intensidad, al grado de llegar a pensar que pierdo la cordura, en realidad son normales durante un proceso de duelo. Saber esto reconforta en cierta medida. Finalmente, al desahogar los sentimientos puedo reconocerlos, validarlos y darles una sana salida.

Acompañar un duelo es como estar al lado de una persona que va subiendo una montaña muy empinada con una carga muy grande, quien acompaña, solo puede indicar caminos más cortos, hacer observaciones sobre las piedras, el clima, la inclinación del sol, sostener la mano y pasar un poco de agua, pero jamás podrá dar un solo paso por quien está viviendo el dolor ni sostener parte del peso que lleva a cuestas. Sin embargo, a pesar de estar simplemente a un lado, es una presencia invaluable que uno evocará siempre en las memorias que tiñen la vida, al menos así yo conservo ese recuerdo de quien en su momento acompañó mi camino.

De lo que yo no tenía idea es que el regalo de acompañar duelos terminaría siendo para mí. Cuando ves a alguien romperse en miles de pedazos, enmudecer ante la total destrucción que deja una muerte y después presenciar cómo va saliendo de su dolor, es como ver renacer a esa persona. Yo no hago gran cosa, pero estoy ahí para explicar algunos procesos y sobre todo para escuchar y contener, y es entonces que me toca contemplar un milagro de vida, la transformación de la oruga en mariposa y ver cómo emprende su vuelo. Cuando alguien de verdad decide trabajar su duelo, me toca ver emerger a seres bellísimos que han tocado algo muy profundo, el misterio de la vida y la muerte y desde ahí se reinventan, es sumamente conmovedor.

De alguna manera, todo lo que hacemos es porque nos conviene, nos aporta o nos favorece a nosotros mismos. Para mí es un privilegio que alguien me permita estar en su vida en un momento tan trascendente. Me considero muy afortunada de poder realizar este trabajo.

Incluso en acompañamientos a enfermos, aunque mueran, ver cómo algunos lo hacen con una conciencia diferente, mucho más profunda y con una gran sabiduría, en comparación a cuando empezaron con la enfermedad donde imperaba el temor, es algo sorprendente. Porque somos humanos, porque dejar este mundo nos aterra, porque tenemos tantos apegos, porque la muerte nos hace tener que soltar absolutamente todo y saltar al vacío, por eso, quien logra dejar ir el miedo y morir en paz deja en ese acto final una lección de vida para todos los que se quedan.

Al poco tiempo de que murió Nadine, la mamá de una amiga, se acercó y me dijo: «Cuando murió mi hijo pensé: así de grande como es este dolor, así de grande debe ser el aprendizaje que habrá detrás de esto». Cuando uno puede darle ese sentido al dolor, este cambia, pues deja de ser una lucha para volverse un propósito. Como escribe en un poema Alfredo Cuervo Barrero (que le han atribuido falsamente a Pablo Neruda):

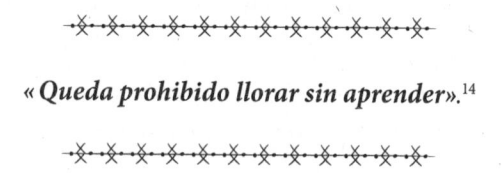

«*Queda prohibido llorar sin aprender*».[14]

---

14. Cuervo Barrero, Alfredo. «Queda prohibido». Blog del autor: http://centroycontorno.blogia.com/temas/poesia.php

Para cada persona es muy diferente, habremos algunos que estamos más aferrados y tenemos **más apegos**, por lo que **nos cuesta más dejar ir**, aceptar, y para otros podrá ser más fácil. ¿Cuánto tiempo se necesita ir a un acompañamiento de duelo si es el camino que se quiere seguir? Depende de cada persona. Yo fui cada semana durante seis meses y después empecé a espaciar las citas.

La ausencia, por ejemplo, se siente más a profundidad y se entiende realmente más o menos a partir de los tres meses. Un día después de que murió la persona, no puede uno saber lo que es extrañar y todas sus implicaciones, porque ayer todavía estaba presente. La separación se convierte en una experiencia acumulativa, que toma fuerza con la suma de los días. A los tres meses, ya se lleva tiempo suficiente para darse uno cuenta de cómo se viven esos inmensos y dolorosos vacíos de tiempo y espacio que dejó nuestro ser querido, ya se siente en carne viva la ausencia.

Es verdad que el primer año es el más duro, porque uno aún está viviendo el duelo reciente y porque además es la primera vez que tenemos que pasar por todas las fechas significativas: Navidad, año nuevo, los cumpleaños, Día de la Madre, del Padre, más los momentos importantes personales; hasta que se completa la data del aniversario en el que desde días antes se suele rememorar cada momento con una extraña y asombrosa exactitud que viene a remover todo de nuevo. Pero está bien, es el cierre de un ciclo y es importante si se desea darle su tiempo y su espacio, y hacer el ritual que uno sienta que puede dar paz a su corazón, por ejemplo: una misa, ir a la cripta o a la tumba, hacer una cena en su honor con las personas que quería, comprarle flores y ponerlas al lado de su fotografía. Habrá también quien no quiera hacer nada y de igual manera está bien.

Es un momento en el que tal vez se puede empezar a **agradecer** por lo que sí fue, por lo que la vida nos permitió gozar a esa persona; no se trata de agradecer la muerte en sí, pero sí el haberla tenido presente el tiempo que compartimos vivos y todo lo que aprendimos con su partida. Una forma de quitar la apatía que deja una pérdida y de poder comenzar a **resignificar** y darle sentido a la vida es valorando lo que se tiene y dando las gracias. Es un espacio en que quizás empiezo a estar listo para **adaptarme** a este nuevo mundo sin el ser que se fue, donde sustituyo el dolor por nostalgia, donde puedo empezar a **reinvertir** mi energía con todos los aprendizajes que esta experiencia me dejó y buscar nuevos motivos para seguir, nuevos proyectos que emprender como una forma incluso de honrar la vida de quien partió.

«La recuperación no existe: no es posible volver a ser quien eras. Existe la reinvención, y no es mala cosa. Con suerte, puede que consigas reinventarte mejor que antes. A fin de cuentas, ahora sabes más.»

Rosa Montero[15]

Es, finalmente, aceptar el duro hecho de que el otro ya no está y que yo sigo vivo, pero con la convicción de que viviendo mi vida con intención y sentido puedo enaltecer lo que fue la suya y lo que sigue siendo la mía.

Toda muerte es un inconcebible en nuestra mente. No la puedo asir, de entrada no la puedo acomodar en mi psique. Pero cada de-

---

15. Montero, Rosa. *La ridícula idea de no volver a verte*, Seix Barral, 2013, p. 175.

ceso se percibe diferente, tanto porque cada persona siente distinto como por quien representa para mí quien murió.

Lo muy duro de perder un **hijo** es que es el amor más incondicional que existe, daríamos la vida por los hijos, pero por lo mismo también son nuestro mayor apego en este mundo y ahí radica mucho la dificultad para dejarlos ir; además, otra complicación es que se salta una generación, y por eso uno se atora mucho en la negación, es algo muy difícil de acomodar en nuestra mente, porque cómo aceptar un hecho que va «contra natura», contra la lógica del tiempo, con qué descaro la muerte se atrevió a saltarme y llevarse lo más preciado, pero para dejar la vida no hay edades.

Lo difícil de perder a un **recién nacido** o incluso a un ser antes de nacer es que muere con él nuestra ilusión de esa nueva vida, y es una de las muertes más incomprendidas, pues además nadie lo conoció, como si no hubiera existido; pero la realidad es que uno comienza a amar a los hijos desde que los sueña, es decir mucho antes de que nazcan.

Lo complejo de perder a los **padres** es que son nuestro inicio, nuestra referencia, nuestra ancla, nuestra guía, nuestra seguridad, aquellos que siempre habían estado desde que nacimos y ahora de pronto esa constante desaparece y mientras más chicos seamos al vivirlo, el sentimiento de abandono y desamparo es mayor.

Lo duro de perder a un **nieto** es que no solo es dolorosa la muerte de quien se fue, sino el ver sufrir a su padre o madre, que en este caso es el hijo o hija de los abuelos en cuestión.

Lo complicado de perder al **cónyuge** es que muere nuestra persona elegida, nuestro cómplice, esa presencia tan conocida y cercana, esa costumbre estable, con quien compartimos tantas experiencias profundas, tantos aprendizajes, y creamos juntos el proyecto más importante de nuestra vida: la familia o, si no hay hijos, la pareja; además suele ser la muerte más estresante, porque esa partida normalmente deja una carga, una responsabilidad muy grande a quien se queda: el cuidado y la educación de los hijos y, según el caso, también la cuestión económica. La muerte del compañero, además, confronta mucho con la soledad y no todo el mundo sabe estar solo y apreciar su propia compañía.

Lo fuerte de perder a un **amigo** es que se va con él una persona escogida con quien por lo general hubo grandes coincidencias, vivencias, risas, apoyos y aprendizajes, además te confronta mucho con tu propia muerte y tu vulnerabilidad.

En mi caso, lo penoso de perder una **hermana** es que es tu mayor similar en la vida, similar no en parecido, porque los hermanos pueden ser sumamente diferentes no solo físicamente; me refiero a que compartes con tus hermanos la misma familia por ambos lados, la misma historia de la infancia, el hogar, los genes, incluso el sentido del humor viene muy aprendido de la familia y a veces, como en mi caso, existe un entendimiento especial y único entre hermanos por todo ello. Además, al igual que con la muerte de los amigos, nos confronta con nuestra propia muerte por ser la misma generación.

Todas las muertes duelen profundamente y todas nos hacen cuestionarnos nuestra existencia. Cada quien tiene su rol en nuestras vidas y su espacio en nuestros corazones. Sin embargo, en todos los casos uno se imaginó su futuro con estos seres queridos y dejar ir la idea de que ese porvenir ya no va a existir es algo complejo, pero hay que hacerlo porque en realidad ese mañana nunca iba a formar parte de mi historia con esa persona, solo estaba en mi mente, en mi anhelo, pero nunca fue, no ha sido ni será real, simplemente porque los hechos ya me lo demostraron.

> *Mi historia con la persona que murió es la que viví, no la que había imaginado.*

Mientras más me niegue a entender esto, prolongaré mi sufrimiento. Si logro aceptar este hecho, agradeceré lo que sí fue y lo honraré y ahí es donde encontraré paz.

«Todos vamos por la vida con nuestros muertos adentro, pero ¿vas con ellos con lamento o celebrándolos?».

Alfonso Ruiz Sánchez[16]

---

16. Ruiz Sánchez, Alfonso. *Semiología de la vida cotidiana. Manual del curso La Muerte* (1993), p. 27.

11
Etapas de un duelo

En los libros de tanatología hay varias versiones de las etapas de duelo, según los diferentes autores. Estos son tres de los principales:

ELIZABETH KÜBLER ROSS
ETAPAS DE DUELO[17]

- *Negación*
- *Coraje*
- *Depresión-tristeza*
- *Aceptación*

Hay quienes desafortunadamente se quedan en las primeras y nunca van más allá.

---

17. Elisabeth Kübler-Ross. *On Death and Dying,* Scribner Book Co., 1969, pp. 38-137.

J. WILLIAM WORDEN
LAS 4 TAREAS DEL DUELO[18]

- Aceptar la realidad de la pérdida.
- Trabajar las emociones y el dolor de la pérdida.
- Adaptarse a un entorno en el que el fallecido ya no está.
- Recordar emocionalmente a quien murió y seguir adelante con la vida.

THERESE RANDO
LAS 6 ERRES[19]

- **Reconocer** la pérdida: Primero se desconoce, viene la negación y luego se empieza a reconocer, a admitir y a entender la muerte.
- **Reaccionar** ante la separación: Me permito sentir la vorágine de sentimientos que aflorarán en mí por este hecho. Identificar, aceptar y expresar las emociones que surjan.
- **Recordar** a la persona que murió: Revivir y admitir recuerdos, eventos compartidos, ya sean buenos o malos, en forma realista.
- **Renunciar a formas anteriores de relación y replantear**: Como todo cambia, me replanteo, me cuestiono mi vida a la luz de este evento y necesitaré volver a darle significado. Tiene también que ver con renunciar al pasado y aceptar el cambio.
- **Reacomodarse y reajuste**: Adaptarse a la nueva vida sin la persona, sustituyendo la relación presencial por uno de sus recuerdos. Movimiento adaptativo al nuevo mundo sin olvidar el anterior.
- **Reinvertir** mi energía y buscar nuevos proyectos, nuevos afectos, nuevos motivos para vivir.

---

18. Worden, J. William. *Grief Counseling & Grief Therapy*, Springer Publishing Co., 1991, pp. 10-18.

19. Rando, Therese. *Treatment of Complicated Mourning*, Research PR Pub, 1993, pp. 393-450.

No toda la gente llega a la sexta erre de Therese Rando. En Elizabeth Kübler Ross no existe ese paso explícito como tal, ya que Therese fue mucho posterior, veinte años después de Elizabeth, quien fue la pionera en el campo de la investigación acerca de la muerte y abrió un maravilloso camino. Pero ese sexto paso de Therese Rando creo que se vuelve el objetivo final de trabajar un duelo, llegar a esa orilla del mar revuelto que implica vivir una pérdida. Porque ahí está la ganancia, el regalo que venía en una envoltura extravagante que es la muerte. Es tan arduo y duro el camino de un duelo que vale la pena seguir hasta el final, para llegar a ese obsequio que es reinvertir todo lo aprendido y retomar la vida con mucho más sentido y una conciencia de la existencia mucho más profunda.

Cabe mencionar que estas etapas de duelo funcionan de manera muy similar para cualquier pérdida, por ejemplo: pérdida de la salud, del trabajo, de la juventud, económicas, separación de la pareja, cambio de casa o de ciudad.

Estas etapas no se dan en estricto orden. El proceso de duelo NO es lineal y en muchas ocasiones se experimentan retrocesos. Uno pensaba que ya estaba mejor y de pronto regresa ese dolor profundo que quema. ¿Por qué sucede esto? ¿Es en realidad un retroceso? Yo así lo pensaba hasta que afortunadamente en el acompañamiento de duelo me explicaron que no, que es normal.

Estos retrocesos suelen darse a raíz de detonadores, pueden ser fechas o simplemente algo que nos recuerde a la persona o incluso un momento de revisar una herida que creíamos sanada y aún quedaba algo por curar, algo por aprender. Sin embargo, conforme pasa el tiempo y trabajo mi pérdida, esos periodos tan duros y dolorosos suelen ser cada vez más espaciados y de menor duración (ver poema: «Después de un rato», en la segunda parte del libro).

12

El tiempo

«El tiempo es como un río... nunca volverás a tocar la misma agua dos veces porque ya pasó».

Anónimo

Cuando pregunto a veces: «¿qué es lo más importante que estás haciendo en tu vida en este momento?», muchos me hablan de grandes planes. Pero les digo: la realidad es que lo más importante en tu vida ahora es esta plática que estamos teniendo (en *tu* caso, lo más relevante ahorita es esto que estás leyendo), simplemente porque es lo que está sucediendo en este instante, aunque sea algo banal, lo más importante es *esto*, es *ahora*, porque es lo real, lo que está pasando y eso lo perdemos de vista la mayor parte del tiempo.

El tiempo es todo un tema en los duelos, y es preciso recalcar que en cuestión de los sentimientos no podemos correr, solo sentir. Hay una frase que se dice mucho cuando alguien muere: «Ya verás, el tiempo lo cura todo». Debo decir que no es del todo cierta, el tiempo solo cura si lo utilizo trabajando mi duelo, si lo uso a mi favor; entonces sí el tiempo, junto con mi trabajo, irá haciendo que mi dolor, en vez de transformarse en sufrimiento, se vaya convirtiendo en una nostalgia tranquila con la que pueda vivir en paz y encuentre los aprendizajes que esto me haya dejado.

Pero el tiempo por sí solo no hace magia y hay quien carga sus duelos toda la vida y no se permite más vida que aferrarse a la que ya no es.

Uno quisiera terminar lo antes posible con todo este duro y tedioso proceso, pero es un aprendizaje que se está gestando y necesita tiempo para florecer; la gestación dura lo que tiene que durar, ni más ni menos. El tiempo que requiera va a depender mucho de mi capacidad de aceptar y soltar. Pero, sin duda, hay que aprender a ser pacientes y a tener mucho cuidado con las expectativas.

> *Las expectativas, si no se cumplen, son el camino más corto a la frustración; y si se cumplen, son el camino directo al apego.*

Si espero que el duelo termine pronto, seguro tendré una decepción. Es muy diferente tener una clara dirección hacia donde se pretende llegar que tener expectativas. Hay que saber qué se quiere para poder tener certeza de hacia dónde hay que caminar, pero cómo llegaré, cuándo, con qué me toparé en el camino, eso es lo que hay que soltar. Incluso a veces la vida nos corrige el rumbo y hay que estar abiertos al cambio, siempre que yo esté en contacto conmigo sabré hacia dónde continuar andando, atento, pero sin prisa.

Etimológicamente, la palabra *paciencia* proviene del latín *pati* que significa *sufrir*, lo cual no suena nada alentador para aquella persona que necesita ser paciente. Sin embargo, al pronunciar en español la palabra paciencia, se puede dividir en dos y nos da como resultado: *paz-ciencia:* por lo que podríamos decir que es la «ciencia de estar en paz».

Esto no tiene nada que ver con la etimología, sin embargo, este juego de palabras nos lleva a la posibilidad de ver lo que estamos viviendo desde otro punto de vista: saber esperar con calma y agradecer el presente, sin tener mi mente en el futuro. Entonces uno puede decidir si vivir la paciencia conectándose al futuro desde el sufrimiento o sintonizándose al presente desde la paz.

«Camina lento... no te apresures, que al único lugar a donde tienes que llegar es a ti mismo».

JOSÉ ORTEGA Y GASSET[20]

Para sanar una pérdida existe una lista de cantidades de cosas que tienen que salir de nosotros mismos: cantidad de lágrimas, suspiros, insomnios, gritos, espacios de soledad, pensamientos, dudas, angustias, ironías, preguntas y respuestas, sueños rotos, dolor. Hasta que no sale todo, hasta que la herida no termina de supurar, no puedo dar por terminado el duelo.

No es que se resuelva del todo, pero llega un punto en que se acomodan muchas cosas y llega cierta paz. Sin embargo, no es una decisión que puedo tomar con la cabeza (aunque es cierto que la

---

20. Ortega y Gasset, José. Frases célebres de Ortega y Gasset. Recuperado de «https://psicologiaymente.net/reflexiones/frases-jose-ortega-gasset».

actitud y el trabajo constante de ir sacando, ayudan), no es una determinación que se toma, sino que se va viviendo al permitirse sentir y al abrirse a los aprendizajes; y sí tiene un fin, sí llega un tiempo en que se termina.

Pero para llegar a ese punto es como si se necesitara un equilibrio que no depende del todo de uno, se requiere llegar a la armonía entre todas las piezas que estén en juego: mi historia, mi interior y mi exterior; a veces también se requiere el equilibrio con otras historias pasadas, con otras personas, con perdonar, con reacomodar creencias, con aceptar la nueva realidad.

Una vez logrado esto, es como si se llegara al balance que se requería, la pieza faltante se acomoda y permite que la rueda sea liberada y empiece a girar y rodar. El equilibrio ha sido restablecido, el tiempo ha terminado, el duelo dentro de lo posible ha sido resuelto; es momento de recoger frutos, de dejar ir y continuar la vida. El impulso está dado. No podía ser antes. Es cuando tiene que ser.

Los duelos, entre otras cosas, nos enseñan la paciencia, a aceptar que el dolor se queda hasta que ha terminado su trabajo, no se va ni antes ni después. No tiene sentido luchar contra el tiempo ni contra el dolor. Son implacables. No vale la pena desgastarse ahí, es mejor usarlo a su favor.

Pero si logras llegar al aprendizaje, sin duda te vas a levantar más fuerte y sabio.

> *El duelo no es una lucha, es una rendición.*

Es mejor no mirar hacia adelante o vendrá la desesperación, se requiere poner toda la atención en el presente. Soltar y confiar. Solo puedo decir que sí se transmuta el dolor, solo lleva tiempo y trabajo.

El trabajo está en tus manos, el tiempo no. El único acelerador que existe es el de trabajar plenamente el duelo, no se lo puede uno saltar. Terminará cuando haya terminado, cuando uno haya experimentado todo lo que se tenía que experimentar y comprendido cada lección. Para cada quien es diferente; es importante aprender a honrar y respetar los tiempos. Dejar ir el cuándo y solo pararse en el hoy con toda la atención y la intención (ver poema: «Tiempo», en la segunda parte del libro).

13
Validando lo aprendido

Es muy importante reconocer el camino andado. Es común que, un poco por costumbre y a veces por sentirnos víctimas, tendamos a menospreciar todo lo que se ha avanzado en el proceso de duelo, y simplemente no nos permitamos reconocer el avance de que nuestros momentos terribles son menos frecuentes y menores (si bien a veces aún muy intensos), y que los momentos de paz han aumentado. ¡Es tan importante reconocer el camino andado! Eso nos permite ir dando sentido e incluso felicitarnos por nuestra valentía y empezar a encontrar los aprendizajes que todo esto nos puede estar dejando.

Cuando en los acompañamientos pregunto: ¿cómo vas?, escucho: ¡mal!, y les digo: ¿pero mal cómo, qué ha surgido de nuevo, qué sentimientos nuevos hay ahora? En realidad no hay bien ni mal, simplemente es parte del proceso, pero tenemos una tendencia muy fuerte a juzgar y calificar todo.

> *Está bien estar mal, porque es lo normal en un proceso de duelo, y también está bien estar bien.*

No hay que sentir culpa por ello.

Es curioso cómo van surgiendo poco a poco diferentes emociones. Hay a quienes les cuesta trabajo tocar el enojo y cuando llegan son pura tristeza. Otros, por el contrario, no pueden llorar en un principio. De lo que se trata es de irle dando espacio a lo que vaya surgiendo; observarlo, permitirlo, sentirlo y luego dejarlo ir. Mientras menos se racionalice es mejor.

En el acompañamiento, les explico esto pidiendo que imaginen una rueda de bicicleta con sus diferentes rayos. El centro es el dolor, el meollo del asunto, de ahí se empieza a formar un espiral y cada rayo es una herida no sanada, por tanto, una oportunidad de aprender. Conforme voy avanzado en la espiral, me voy alejando del dolor, de la crisis, pero a veces vuelvo a pasar por uno de los rayos y me vuelve a doler. No pasa nada, es simplemente una señal de que hay algo que aún no está curado, que todavía no termino de sacar, hablar, liberar, y amerita una revisión de mi parte. ¿Cuántas veces tendré que pasar por cada rayo? Las que sean necesarias para sanar cada parte y así algún día saldré de ese espiral de aprendizaje, seguramente para entrar a otro, pues como me dijo un amigo hace tiempo:

«Cuando crees conocer todas las respuestas, llega el universo y te cambia todas las preguntas».[21]

---

21. Esta frase se le atribuye a varios autores: Albert Espinosa i Puig, Mario Benedetti y José Francisco Pinto.

Una de las preguntas que hacemos mucho cuando alguien empieza un acompañamiento es: «¿quién es la persona más importante en tu vida?». Muchas veces la respuesta es: mis hijos, a veces mis padres y alguno que otro dice con algo de timidez: «debería de ser yo, ¿verdad?». Y sí, la respuesta correcta es: yo soy la persona más importante de mi vida. Porque solo estando bien yo, puedo estar bien con los demás. Es el ejemplo del avión, siempre hay que ponerse uno primero la mascarilla de oxígeno antes de ponérsela al niño, pues ¿cómo voy a ayudar si yo no estoy bien?, no será posible.

Cuando una persona está viviendo un duelo, trae consigo cantidad de sentimientos muy intensos y eso es agotador. Normalmente las personas atravesando este proceso suelen estar muy cansadas emocional y físicamente. (Recuerdo que yo sentía que a duras penas tenía la energía necesaria para sobrevivir el día). Por lo tanto, si me encuentro exhausto es importante administrar bien la poca energía que tengo y no gastarla de cualquier manera.

Por eso, en esa etapa debo decidir bien qué voy a hacer, escucharme, hacerme caso a mí, la persona más importante de mi vida. Las responsabilidades que no puedo dejar de lado, por ejemplo: trabajo que no puedo postergar, hay que hacerlo, para eso quiero mi energía; en sentido inverso, todo lo que son compromisos, todo lo que puedo dejar a un lado, lo que me desgasta, es importante evitarlo, saber poner límites.

Es un momento en que necesito estar conmigo, quererme, chiquearme y hacer cosas que me gusten. A veces les sugiero en el acompañamiento, que incluso hagan una lista de lo que les gusta hacer y que lo hagan, eso puede ayudarles a sentirse mejor, aunque me he topado con personas que no saben muy bien qué les gusta, por lo que es importante conocerse. Y si un día necesito permitirme un descanso porque mi cuerpo a gritos me lo pide, es importante escucharlo, sobre todo las personas que somos demasiado responsables.

Una tarde al poco tiempo de la muerte de mi hermana, estaba con mi maestro de meditación y me dijo: «Estás agotada». «Sí», le contesté. «Pues no vayas mañana a trabajar», me dijo. Me pareció imposible y por la cara que seguramente se dibujó en mi rostro me dijo: «¿Qué necesitas para no ir a trabajar? ¿Permiso? Yo te lo doy; pero si no te es suficiente, entonces, ¿qué necesitas?, ¿enfermarte? Pues enférmate, pero necesitas descansar». Al día siguiente amanecí enferma, enferma de verdad, con síntomas reales.

La mente es muy poderosa, a mí no me fue suficiente su permiso para quedarme a recuperarme, necesité justificar con algo más fuerte que mi mente creó. Ese agotamiento era causado por mi duelo, a pesar de que donde yo trabajaba entonces recibí por parte de mis jefes y compañeros un apoyo increíble, pues, sin yo decir nada, tomaron varias de mis responsabilidades por un tiempo, aminorando mi carga de trabajo; esas cosas se agradecen toda la vida.

El ser empático con la gente que está pasando por un proceso de muerte de un ser querido es algo que debería estar más inculcado en nuestra conciencia y en nuestra cultura, incluso en las leyes llaborales, que deberían permitir un tiempo para vivir el luto.

Hay un termómetro muy claro: las cosas que me gustan hacer me cargan de energía y las cosas que no me gustan y que hago a la fuerza me quitan energía. Pero hay un truco importante que podemos aplicar con las cosas que no me gustan tanto, pero que tengo que hacer forzosamente, y es: **cambiar el esfuerzo por entusiasmo**, es decir, tratar de hacer lo mismo pero con sentido y eso puede generar que logre hacerlo con cierto gusto y que finalmente sea positivo; que en vez de quitarme energía, me la dé.

Por ejemplo, a mí me cuesta trabajo levantarme temprano con el despertador; si yo todas las mañanas que suena el despertador digo «no, qué horror, ya es hora», me voy a levantar con mucho esfuerzo; en cambio, si yo al escucharlo solo pienso «ya es hora» o incluso «agradezco este día», ahí estoy cambiando el esfuerzo por entusiasmo. El cambio lo hago con los pensamientos y mi energía es completamente diferente. Eso se puede aplicar en muy diversas áreas de la vida.

«Se aprende más con los daños que con los años».

Anónimo

14
Cuestionando mi existencia

Muchas veces la muerte de un ser querido nos cuestiona a un nivel tan profundo que nos lleva a una crisis existencial, es decir, nos preguntamos y replanteamos todo, pero no desde un punto de vista teórico como cuando aprendimos religión o filosofía, sino desde un punto de vista vivencial, muy directo.

Ese ser querido ¿dónde está?, ¿qué hace?, si es que «ahí» se «hace algo», ¿continuamos o no?, ¿qué es ahora para mí Dios a raíz de esto?, si es que creía en Dios, y ¿cómo se transforma mi relación con él?, si es que yo tenía alguna; ¿de dónde venimos y hacia dónde vamos?, ¿qué sentido tiene la existencia?

Preguntas muy básicas que el ser humano se ha hecho desde el principio de los tiempos, pero que ahora, a raíz de esta experiencia tan cercana con la muerte y de que alguien tan querido y entrañable para mí ya no está, cobran una dimensión muy grande en mi mente, en lo que creo y se mueven muchas cosas; y me las permito preguntar y **replantear**, que es justamente una de las etapas del duelo.

Hacer esto es muy válido y es normal. Formamos creencias para entender el mundo, así que a la luz de un acontecimiento tan fuerte en la vida de uno, es importante dar lugar a esos cuestionamientos y reacomodar nuestras creencias a lo que a cada quien le dé paz. Las experiencias nos transforman y una así de fuerte nos marca por siempre; muchas veces se dan cambios a nivel físico, mental y espiritual, no hay forma de quedar igual ni de regresar al yo anterior. Pero finalmente, recuperar la paz perdida es el mayor objetivo de trabajar un duelo, y me atrevería a decir que de la vida misma.

> *Lo que no es negociable es tu paz.*

Es importante ver tu paz como una meta, porque a veces cuando hay emociones muy fuertes se va la paz y es normal, solo hay que vivir esas emociones intensamente para poder recuperarla.

La muerte de un ser querido es entrar en un universo inmenso y nuevo, donde conoces cosas, sentimientos, intensidades que no sabías que existían, y te descubres a ti mismo.

Camino y me topo con una gran incredulidad que no me permite seguir avanzando: a la persona que tanto amé ya no la voy a volver a ver jamás.

Cuando muere un ser querido, muere algo muy íntimo dentro de uno; y al morir algo en uno, esto conduce a un nuevo nacimiento, que hará que se salga de esta experiencia más crecido, más empoderado y con mayor comprensión de la plenitud que en uno habita.

Hay que vivir la pérdida con la mayor entrega, amor, lucidez, humildad y compromiso que sea posible, porque solo así podremos aceptar nuestra nueva realidad, dejar ir y comprender la muerte, para permitir el regalo que esta nos brinda: transformarnos profundamente, renacer, reinventarnos y, finalmente, reconciliarnos con la vida.

Como uno ya no es la misma persona, es importante, entonces, revisar nuestras creencias, pensamientos y valores; permitirse cuestionar es parte importante de la propia reconstrucción. Quizá cambie algo, o tal vez no mucho, pero la confianza solo se puede recuperar si se da espacio a tocar la duda con valentía.

Además, se mueven tantas cosas en un duelo que no solo hay cambios en creencias y valores, también cambian a veces los roles y suelen reacomodarse los sistemas, pues falta alguien y de alguna forma se trata de suplir ese vacío. Incluso, pueden cambiar las amistades, unas se dejan ir por falta de afinidad y a veces surgen nuevas o se retoman otras que no tenían tanta fuerza y está bien. Hay que permitir los cambios y fluir con ellos, es lo natural.

Sin embargo, hay preguntas que no tienen respuesta. Por ejemplo los *porqué* ¿Por qué murió así?, o ¿por qué tan joven?, ¿por qué me pasó esto a mí? O simplemente ¿por qué tuvo que morir? Estas preguntas son callejones sin salida, no vale la pena insistir y quedarse ahí. Es válido preguntarse los porqué, pero hay que aprender a dejar ir lo que no se puede asir o comprender.

La mejor respuesta que yo he encontrado al preguntarme por qué a mí es: ¿y por qué no? Por qué no, si todos vamos a morir; si estoy vivo, existen posibilidades de que me muera en cualquier momento, ya sea joven o viejo o de que alguien a quien amo se muera, ese es en parte el precio de estar vivo: no saber cuándo va a llegar lo único que tenemos totalmente asegurado: la muerte. Y todos estamos continuamente expuestos a ella en cualquier instante. Por tanto, si existe en la gama de posibilidades, existe la realidad de que pueda suceder.

Dejar ir el papel de víctima: «¿por qué me pasó esto a mí? ¡Pobre de mí!», es uno de los primeros grandes pasos que hay que dar para poder resolver un duelo. Es importante permitirse cuestionar la existencia en la línea de ¿qué sentido tiene ahora, o para qué me puede servir en mi vida esto que he vivido, qué me deja, qué puedo aprender que me sirva en mi momento presente?

El misterio de la vida y la muerte ES, existe y ante esto no podemos hacer nada.

> *Cuando uno acepta que la destrucción es parte de la vida, eso trae paz.*

La aceptación, para que surta efecto, tiene que ser genuina, no una mera resignación desde el papel de víctima. La aceptación genuina es aquella que abre la puerta al aprendizaje, a ver en el cambio las ganancias positivas, a aceptar el reto de la transformación profunda y la oportunidad de tocar el dolor y liberarlo. Tocar fondo solo para tomar impulso y salir a flote, no para permanecer ahí abajo más del tiempo necesario.

No se puede entender un duelo si uno sigue siendo exactamente la misma persona. Para resolver un duelo debemos permitir que se dé el cambio en nosotros, dejar ir a quien fuimos, y darle la bienvenida a nuestro nuevo ser.

> *No trates de regresar a lo que eras, porque ahí ya no te vas a encontrar.*

Un duelo es la gran oportunidad para conocer a la persona más importante de tu vida, aprender a amarla, escucharla, contenerla y acompañarla. Esa persona eres tú.

En nuestra cultura, no tenemos la muerte integrada a la vida, la vemos como algo sumamente lejano y tendemos a ahuyentarla de inmediato cuando osa acercarse a nuestra realidad, y es que la muerte es lo más drástico que existe, porque no se puede revertir, pero por lo mismo es la gran maestra.

Lo más importante no es lo que te pasa en la vida, sino cómo lo vives, y eso es una decisión que depende de uno.

Se trata de entender que la vida no nos quita, la vida nos da experiencias de pérdida, para que comprendamos que somos seres completos y plenos. Entender también que las relaciones nunca mueren, ni con la muerte; solo se transforman cuando logramos recordar en paz y gozar la presencia dentro de la ausencia.

A mí esta vivencia me cambió toda mi forma de ver la existencia.

Curiosamente, los años en que más he perdido han sido también en los que más he recibido. Después de tocar fondo y de una rendición total al aceptar que definitivamente lo que tenía planeado ya no iba a suceder así, entonces pude soltar y abrir las manos para recibir lo que viniera. Y en esa rendición absoluta, en ese acto de estar de rodillas, de ni siquiera pretender entender lo que pasa, es cuando uno puede mirar al cielo y decir con una sonrisa: «me rindo, suelto, ahora ¡sorpréndeme!». Y así abrirme a lo que la vida me dé (en vez de centrarme en lo que la vida me quitó o en lo que pienso que me debería de dar). Porque si soy capaz de aceptar la vida como es, si no me cierro y corto el flujo, nunca dejaré de recibir (ver escrito de «La oscura y negra noche», en la segunda parte del libro).

«Si sentiste tanta tristeza es porque (esa pérdida) te dio muchísimo; todo ciclo se cierra con la conciencia de lo recibido, la conciencia de lo gozado, la conciencia de lo aprendido; cuando comprendes eso viene la liberación, eres pleno porque te tienes a ti. Si no has llegado a este punto de comprensión y agradecimiento, no has cerrado la experiencia y vas a vivir con el duelo abierto, lamentando la experiencia».

Alfonso Ruiz Sánchez[22]

---

22. Ruiz Sánchez, Alfonso. *Semiología de la vida cotidiana. Manual del curso La Muerte* (1993), p. 26.

15
Complicaciones de un duelo

Hay aspectos que pueden complicar un duelo, algunos previos, algunos por el tipo de muerte en sí, y otros que surgen después de la muerte.

Los previos pueden ser por ejemplo, si la persona que vive un duelo era ya depresiva o tenía algún vicio. Otra complicación previa puede ser si tenía una mala relación con la persona que muere, esto genera muchas culpas. Si venía cargando desde antes duelos no resueltos, es como si se sumaran unos con otros; si se tenía idealizada a la persona que murió o si se es una persona a quien le cuesta mucho experimentar sentimientos debido a bloqueos emocionales.

Las complicaciones en un duelo relacionadas a la muerte en sí pueden ser por el tipo de muerte, si fue violenta, inesperada, traumática —como un accidente, un suicidio, una enfermedad muy larga y desgastante—, un duelo múltiple o cuando el doliente siente que se pudo haber evitado; en este último la culpa toma mucha fuerza.

Por último, las que surgen posteriores a la muerte, por ejemplo cuando muere un hijo y la relación de pareja ya era mala, se juntan dos situaciones; o cuando muere alguien intestado y hay dinero de por medio, surgen peleas además del duelo.

También están los duelos desautorizados socialmente, por ejemplo: un duelo secreto como el de un amante o un hijo no reconocido, el suicidio, algunos homicidios (cuando se juzga al fallecido), el aborto (incluso si no fue provocado, es una muerte que no se valida), muerte en parejas homosexuales, de enfermos mentales, por VIH/Sida o por sobredosis, incluso a veces el fallecimiento de una mascota. Todas estas muertes además del dolor natural de la pérdida, llevan una carga social muy fuerte que se tiene que trabajar, ya que impide el sano fluir de un duelo.

Otras veces se hacen «pactos inconscientes» con las personas que mueren, por ejemplo: cómo me voy a permitir estar yo bien y volver a ser feliz si tú ya no estás aquí, cómo voy a triunfar si tú ya no pudiste lograrlo por tu muerte; o finalmente, la culpa de yo estar vivo y el otro ya no. Estas alianzas pueden entorpecer mucho un duelo.

Por último, existe otra posible complicación, que son las peticiones que a veces hacen los moribundos en su lecho de muerte. Por lo general, estas demandas implican cargas como: «cuida de tus hermanos»; otras veces solicitan cosas difíciles de llevar a cabo, como proyectos que el difunto no pudo concluir y el que se queda no se atreve a no cumplir, pues siente que le falta a su última palabra. No deberían existir esas peticiones, no son sanas, él ya tuvo su vida e hizo con ella lo que quiso y lo que pudo; si es posible, (porque a veces no lo es), hay que liberarse de esas demandas, es lo más saludable, si no, es como seguir cargando al difunto.

Es importante revisar si existen este tipo de complicaciones para hacerlas conscientes y poderlas dejar ir y que no impidan la recuperación de mi paz.

Aunque en la mayoría de los casos la muerte de un hijo es la más dura que se puede experimentar, es muy importante **no jerarquizar ni comparar los duelos**. El dolor es, no importa la magnitud. A cada dolor de cada persona hay que darle el tiempo y espacio que este requiera. La pena que uno siente es *la mayor* para cada quien, pues es la que trae dentro y la que tiene que trabajar. Muchas veces comparamos nuestra pena con la de otro y al creer que no es tan grande le restamos importancia, la minimizamos y no la trabajamos dejando, bajo ese pretexto dentro de nuestro ser, una herida no sanada que algún día supurará.

16

Mis aprendizajes

«La muerte es la mayor maestra de todas. Más grande que todas las filosofías humanas. Más verdadera que cualquier religión».

JEFF FOSTER[23]

¿Qué aprendí de mi duelo? Que la vida pende de un hilo y que por eso hay que vivir el hoy. ¡Qué frase tan trillada! Pero ¿cada cuándo la vivimos? Una cosa es saberla con la cabeza y otra muy diferente es vivirla en nuestro día a día, y ¿qué es vivir el hoy? Hay un proverbio japonés que dice: «Haz lo que haces», así de sencillo es. Vivir es estar totalmente concentrado en lo que pasa a cada momento, no importa si es algo banal o importante, es lo que hay que hacer ahorita y poner toda mi atención ahí, eso es vivirlo, eso es disfrutar el presente.

---

23. Foster, Jeff. La danza de la nada. Recuperado de «http://la-danza-de-la-nada.tumblr.com/post/156444863190/la-muerte».

El ahora es nuestro único punto de poder. Este momento es todo lo que hay. Existen infinidad de cosas en las que no tenemos el control, pero tenemos el control de dónde ponemos nuestra atención. ¿En qué quieres enfocar hoy tu energía? Centrarnos en el presente es la clave.

«No estás deprimido, estás distraído».

FACUNDO CABRAL[24]

Toda pérdida tiene ganancias. Comencé a agradecer tantas cosas que daba por hecho, a mirar con toda mi atención y mi profundo agradecimiento lo que sí tengo hoy, lo mucho que me quedó, no lo que había perdido. Ahora sé que nada es un hecho, solo que todo va siendo y en ese ir siendo es que voy agradeciendo, y todo puede cambiar en un instante. Pero solo en la gratitud encontraré la felicidad y eso depende de mí.

Mi pérdida, me enseñó a no pelearme tanto con las cosas que pasan y que no me gustan, las que cambian, al fin y al cabo están pasando y lo mejor que puedo hacer es irlas aceptando, además **lo único permanente es el cambio**. Por tanto, me dejó una certeza: ahora cuando he vivido situaciones difíciles o tristes, sé que aunque baje a las cavernas de la desolación, tengo la capacidad de volver a subir a la luz. Solo debo permitirme sentirlo, vivirlo y dejarlo ir.

---

24. Cabral, Facundo. *¡No estás deprimido, estás… distraído!* Audiolibro. Cuántica Activa/ISBN: 9786078095094.

Uno nunca sabe si eso, a la larga, me traerá algo maravilloso o simplemente es un aprendizaje, pero como dice el título del libro de Martha Alicia Chávez:

«*Todo pasa... y esto también pasará*».[25]

La muerte de mi hermana también me dio mucha perspectiva sobre lo que después de ese hecho me ha sucedido. Me dimensionó los acontecimientos, y ahora lo que antes me podría parecer muy duro, a la luz de la muerte de alguien tan cercano ya no parece tan complicado. Es decir, terminé pensando «si ya pude pasar esto y salí bien, pues creo que puedo pasar bastantes cosas»; y eso me ha hecho perder muchos miedos, aunque obviamente aún tengo otros tantos.

La vida de pronto puede ser una gran ironía, y yo decido si reírme con ella o si se está burlando de mí con sus duros reveces. Si me quedo ahí atrapado, no podré dejar de sentirme la víctima, pero si logro reírme, le restaré importancia personal y podré ver con más claridad, al quitarle dramatismo a esa muerte que a veces se pone tan seria.

Comprendí mucho acerca de la paciencia; un duelo no se acaba hasta que se acaba. El tiempo no lo cura todo, pero sí lo necesitamos para trabajar en soltar, aceptar y aprender.

Aprendí a perderle un poco el miedo al dolor; un poco, aún no

---

25. Chávez, Martha Alicia. *Todo pasa... y esto también pasará* (2003), Ed. Grijalvo.

lo logro por completo. Me quité un peso de encima cuando solté el control y dije: **que duela lo que tenga que doler,** y lo siento, lo lloro y lo vivo día a día, sin la angustia de la anticipación. Eso fue un gran regalo que me hice para dejar de resistirme.

Yo no creo que la vida es bella y punto. Creo que a veces la vida puede ser muy bella y otras veces horrible. Pero hay que vivirla y sentirla toda, porque aquí estamos y porque eso es la vida: lo hermoso y lo terrible. Lo que creo que me han enseñado mis duelos, que es una de las cosas más valiosas —y por eso para mí este es el párrafo más importante del libro, por ser mi aprendizaje más inesperado, porque jamás creí que llegaría a pensar esto— es que...

> *puede haber belleza en el dolor más profundo*

y darnos cuenta de esto nos ayuda a movernos para no sentirnos víctimas. Sí, puede haber belleza en esa lágrima que sale desde el peor infierno al que bajamos y que libera todo el miedo y nos da paz, abriéndonos a sentir la inmensidad de la existencia; como si el tiempo se detuviera para mostrarnos algo, como si el objetivo de todas nuestras experiencias fuera llegar a ese punto de conciencia de estar viviendo algo muy importante; una certeza de saber que uno está pisando el umbral de algo trascendente, que es el misterio de la muerte.

Por contradictorio que parezca, sí puede haber belleza en la muerte porque se toca un amor muy grande, a través del amigo que se conmueve con uno, que está ahí y no se aparta; en la ayuda desinteresada, en la verdadera compasión, en valorar la vida desde otra perspectiva, en el suspiro después del llanto, en ese desgarramiento que te hace sentir intensamente y más vivo que nunca, en la capacidad de sonreír a pesar de que duela, en el recuerdo imborrable, entrañable de quien partió y que siempre quedará atesorado en el rincón de los ayeres, sabiendo que esa persona existió y que formó parte de nuestra historia; y por último, en el abrazo cálido, lento y sabroso, de quien sabe solo estar.

Este libro de la muerte de mi hermana, quien ahora que lo estoy terminando cumple veinte años que falleció, lo escribí durante otro proceso de duelo que hoy estoy viviendo; al fin y al cabo toda pérdida es un duelo. Y me doy cuenta de que sin este presente no hubiera podido escribir esto. En primer lugar, porque varios de los aprendizajes que plasmo aquí los aprendí recién ahora, cada vivencia nos aporta sin duda algo nuevo; y en segundo lugar, porque entre otras cosas, las pérdidas nos regalan esa conexión de sentir profundamente a flor de piel, que en la rutina diaria se diluye y se pierde, y sé que solo teniendo el sentimiento desnudo en la mano, como lo he experimentado en los últimos meses, podría haberlo escrito. Visto así, algo bueno trae cada duelo, solo hay que atreverse a sentirlo y a vivirlo.

*«La creatividad es justamente esto:
un intento alquímico de transformar
el sufrimiento en belleza».*

Rosa Montero[26]

---

26. Montero, Rosa. *La ridícula idea de no volver a verte,* Seix Barral, 2013, p. 119.

Comprendí que hay vida después de la muerte, y en este caso no me refiero a la otra vida, sino a la vida de los que se quedan en este mundo. Si yo trabajo el duelo, puedo volver a tener vida después de que alguien tan cercano falleció; y si menciono algo que parece tan obvio es porque, justamente cuando uno vive algo así, se le cae el mundo y cree realmente que su vida ha terminado. Y, la buena noticia es que no tiene por qué ser así: ¡sí, hay vida después de la muerte!

Finalmente, creo que la muerte de mi hermana me convirtió en una mejor persona, más empática, más consciente del dolor ajeno, más sensible (tal vez también más llorona, pero seguro eso venía en el paquete de la sensibilidad), más humana, más profunda y más viva.

Cuando terminé de escribir este libro, me di cuenta de que había puesto la palabra *soltar* demasiadas veces, incluso en ocasiones me di a la tarea de cambiarla por *dejar ir* y *liberar*. Pero entonces me quedó claro que ese es el objetivo final de un duelo.

> *Nada ni nadie nos pertenece, mientras transitamos esta vida solo somos polvo de estrellas, pero no tenemos nada, ni tuvimos (aunque así lo creamos muchas veces), ni tendremos; solo SOMOS —en última instancia— amor.*

La gran lección de esta vida es el **total desapego**, el soltar absolutamente todo, incluso a quien más amamos (sabiendo que de alguna manera seguimos siendo juntos), dejar ir la vida misma al morir, liberarnos de todo; la más grande maestra para vivir y comprender esto, es la muerte.

Fluye, sigue, que por el momento tú aquí sigues.

«Nuestra única defensa contra la muerte es el amor».

José Saramago[27]

Una de las formas de expresar mi proceso de duelo fue convertirlo en poemas. Yo escribo para explicarme a mí y entenderme y eso hice. Aquí los dejo. Dicen que los poemas no son de quien los escribe, sino de quien los necesita. Espero te sirvan para dar sentido a tu dolor.

¡Un abrazo a ti, que hoy tal vez lo necesitas!

«Soltar no es decir adiós, sino gracias».

Anónimo

---

27. Saramago, José. Tesis final del libro: «Las intermitencias de la muerte», Alfaguara, 2005.

Mis aprendizajes | **119**

Nadine 1976-1997

¡Gracias por siempre!

Foto cortesía de Valeria Mas Gómez

PARTE II
Poemas y escritos

LA OSCURA Y NEGRA NOCHE

En esta oscura y negra noche por la que atraviesa tu alma, pídele al dolor tan profundo que te acompaña, que permanezca contigo tan solo el tiempo necesario que tu ser requiere para aprender todo lo que debes aprender, pero que no se transforme en sufrimiento. ¡Vívelo! Porque por algo la sabia vida te lo puso enfrente, porque tu fuerza interior es capaz de sobrellevarlo. Y luego despídete de él, no es tuyo, déjalo que se vaya como una blanca paloma y transfórmalo en una suave nostalgia, en amor y paz que siempre habrán de cuidar tu bello corazón.

4 de abril de 1997

EL VÉRTIGO MILAGROSO
DE EXISTIR

La existencia humana es como estar parado al borde del risco más profundo y más hermoso, donde sientes el vértigo de estar ahí vivo, pero a la vez se eleva ante tu vista una inmensa belleza.

Aquel que todo lo ve negro solo mira el enorme vacío con incertidumbre y dolor, y así fue olvidando levantar la vista y disfrutar lo mucho que le ofrece la vida.

Pero existe otro que vio más allá de ese miedo, y el amor le dio la fuerza para elevarse a volar y gozar libremente del maravilloso paisaje de existir.

13 de mayo de 1997

Hoy la vida me enseña
que nacer y morir son simultáneos;
morir es dejar a un lado el pasado
para poder nacer a cada presente
y solo muriendo y naciendo
en cada instante de nuestra existencia
podemos vivir plenamente la eternidad.

21 de septiembre de 1997

DÓNDE ESTÁS

Dónde estás
que no te veo,
dónde, que no te escucho,
dónde, que cuando volteo
veo tu interminable vacío,
insondable tu hueco.

A dónde te llevaste tu aroma,
tus risas inmensas,
tus sueños ahora eternos.
A dónde, que me dejaste
con esta amargura por dentro,
con estas lágrimas
que van saliendo
y este negro dolor
que me sigue persiguiendo.

«No me he ido a ningún lado
simplemente me he liberado,
de la boca con que reía,
de los brazos con que abrazaba,
de los ojos con que miraba,
de las manos con que creaba,
en fin, de mi cuerpo.
Porque ya no lo necesito
para verte, ni abrazarte,

para hablarte, ni sonreírte.
Hoy me hago una
con el agua que te limpia,
con la tierra donde pisas,
con el sol que te calienta,
con el viento que acaricia,
y sigo contigo siendo.
Hoy me fundo donde estoy
y te seguiré queriendo».

5 de agosto de 1997

NO IMPORTA

No importa que no llegaras
a mi despedida,
porque cuando te enteraste
yo estaba contigo.

No importa que llores
por mi ausencia,
porque en cada lágrima
está mi consuelo.

No importa que creas
que no te escucho,
porque cada palabra que me dices
yo te contesto.

No importa si no me ves
para compartir tu vida,
porque en cada sueño tuyo,
en cada paso,
yo sigo presente.

No importa que estés triste
al creer que no veré crecer a tus hijos,
porque en cada travesura,
en cada camino que elijan,
ahí estaré.

No importa
que no envejezcamos juntas,
porque en cada una de tus arrugas,
dibujaré mi sonrisa.

No importa que creas
que fue muy poco nuestro tiempo,
porque bastó para sembrar el amor suficiente
que nuestros corazones necesitaban
para seguir reconociéndose por siempre.

No importa que sigas creyendo
que existe la muerte,
porque yo, sigo presente.

8 de octubre de 1997

AYER
HOY
MAÑANA

Ayer quería quedarme
sin memoria,
olvidar todos nuestros
momentos,
para nunca anhelarlos más;
para alejar ese dolor
que no me dejaba dejarte.

Todavía ayer
deseaba mi muerte,
soñando despertar de esta pesadilla.

Pero, hoy te siento
más viva que ayer,
veo tu risa en las fotografías
y escucho tus carcajadas,
me haces reír
a través de tu gente,
te respiro
en tu espacio vacío.

Hoy sé que estás aquí,
aunque a veces todavía,
una lágrima que no lo entiende,
sale a preguntar por qué.

Quiero liberarme del pasado,
pero no de mi memoria
guardiana de mis aprendizajes
que me hacen ser quien soy ahora.

Hoy quiero despedirme
de ese dolor tan profundo
que me transformó.

Solo te pido, vida,
que me enseñes
a caminar por tus senderos,
con las manos bien abiertas,
sin cerrarlas jamás,
para poder recibirlo todo
y nunca más aferrarme a nada.

Hoy simplemente, quiero vivir.

9 de noviembre de 1997

SE PUEDE...

¿Sí se puede?,
preguntó una voz en mí.
¿Se podrá volver a sonreír,
caminar descalzo
y percibir de nuevo la tierra?
Sentirse vivo...

¿Será posible
admirar la flor, la luz,
abrazar el pretexto,
sentirse en el beso,
demorarse en el abrazo,
explotarse en la risa,
abrumarse ante la vida misma?

¿Podré volver a ver colores
aunque ahora prime el negro?
Soñar, confiar,
¿serán de nuevo palabras mías?

¿Será que podré ver tus fotografías
con nostalgia tranquila,
sentirte cerca,
dentro, libre?
Si POSIBLE es la palabra,
CREER tal vez el aliento

con tu ser a mi lado,
emprendiendo otro rumbo
sin la carga del pasado.

¿Es POSIBLE recobrar
la ilusión de vivir?
Solo cuando dejé de preguntar afuera
y volví la mirada en mí,
vi a mi ser sonreír.

2 de diciembre de 1997

DESPUÉS DE UN RATO

Por qué después de un rato
de camino andado,
cuando crees que
ya los has aprendido,
que lo tienes superado
y que puedes seguir tu vida
sin la carga del pasado;
por qué después de caminar
te encuentras con que debes regresar,
te sientes de nuevo
en ese negro principio,
en ese fuego que quema
cualquier indicio.

Como si el tiempo
no hubiera hecho su trabajo,
como si el dolor
nunca se hubiera venido abajo.

Hoy creo estar
caminando hacia atrás,
sintiendo cómo
me va mojando
la lluvia de mi tristeza,
dejando en mi ojos
una niebla espesa,

que me impide ver
cada paso caminado,
cada aprendizaje
en pilares cimentados,
cada maravilla
que en mí se ha despertado,
cada poema de acciones
que me han regalado.

Y en esta nueva caída,
en que veo
cuán corto es el tiempo
y cuán frágil la vida,
lo que me queda es creer
en mi propia subida,
y emprender un nuevo vuelo,
hoy más libre y más arriba.

5 de diciembre de 1997

HOY BRINDO

Hace casi un año
que dejaste de respirar
entre nosotros;
nosotros
hoy todavía terrenos,
mañana… quién sabe.

Y al ver hacia atrás
se me desmoronan las palabras,
se me enciende la piel,
se me enmudece el alma,
tantas y tan pocas
han sido las nuevas historias
«sin» ti… y contigo a la vez.

Pero hoy no quiero brindar,
ni por tus palabras no pronunciadas,
ni por tus risas apagadas,
ni por tus líneas no trazadas,
ni por lo que hubiera sido
y simplemente no fue.

Ni quiero ya dolerme
por los sueños desgarrados,
que quemaron desbocados,
mis ríos de paz sosegados.

Ya no.

Hoy quiero brindar,
porque veo flores en mis adentros,
destellos de luz en mi mirada,
y pájaros emborrachados
por la alegría de vivir.

Hoy brindo
por todas esas cavernas
a donde la vida me hizo bajar,
para encontrar manantiales
de agua eterna.

Hoy brindo
por tu alegría
que es la mía,
por tu sonrisa
que es la mía,
y porque tu muerte
me hizo renacer a la vida.

6 de febrero de 1998

A TI...

A ti, que hoy te duele,
que hoy todavía te quema,
que crees que el dolor
es solo tuyo
y que piensas que nunca
lo podrás dejar ir.

A ti, que sientes que el corazón
te estalla,
que te pesa el cuerpo
y que tu vida es demasiado larga.

A ti, que sientes que no puedes
seguir caminando,
que te aplasta tu existencia,
que te aterra la idea
de la falta de su presencia.

Sí, a ti que te preguntas por qué,
que crees que todo fue mala suerte,
que perdiste la fe y la esperanza,
sí, hoy te digo:
que existe una razón que hoy no entiendes,
que en la vida no hay coincidencias,
que por algo te tropezaste con estas letras;
que tu vida y su muerte tienen un sentido,

que es mucho y muy valioso
lo que hay detrás del negro horizonte
donde te encuentras.
Que tu ser querido está más cerca
de lo que piensas.
Que si tienes el valor
de sentir profundamente
y luego soltar tu dolor,
podrás volver a maravillarte
ante el milagro de la vida.

Eres libre de creer lo que quieras,
solo quería invitarte
a contemplar las estrellas
y quizás algún día creas junto conmigo,
que si levantas la mano al cielo
puedes tocarlas con tu corazón
y sentir cerca a ese ser
que hoy crees que te ha dejado.

6 de febrero de 1998

LA SOLEDAD

Siento una soledad
tan sola,
que ni siquiera
mis lágrimas
están conmigo.

Y le lloro al pasado,
y me sufro en el olvido,
no estoy bien con nadie,
ni conmigo.

Y me duele la nostalgia
de lo que nunca fue,
mientras siento
cómo me voy hundiendo
en el remolino de mis piensos,
y cómo el duende de mi alma
me toma la mano
y me lleva dentro,
y ahí en el fondo de mi existencia,
me sopla su secreto:
«la soledad es la ausencia de uno mismo».

Se abre una puerta
y escucho un suspiro,
¿acaso estoy en paz
porque estoy conmigo?

7 de noviembre de 1998

PIÉNSAME HOY

Si tan solo un instante
dejaras a un lado tu tristeza,
para respirar mi sonrisa
con los ojos de tu alma.

Si tan solo un momento
soltaras tu dolor
y escucharas mi silencio
que va llenando tu vacío,
y sintieras la magia única
de este espacio de tiempo eterno,
que te grita
que estoy tan cerca,
que estoy dentro,
que te pide que te levantes,
que recuerdes
nuestro futuro reencuentro.

Ya no tengo manos
y no sé cómo pedirte,
que abras tu puerta
que el dolor de mi partida cerró.

Solo he venido a decirte:
Por favor detente,
para que puedas sentirme presente.

No me pienses en el ayer,
piénsame hoy.

13 de octubre de 1998

HAY DÍAS

Hay días para reír
y días para llorar,
hay días para cantar y soñar
y otros para gritar,
días para enamorarse,
y para lamentarse,
hay días para nacer
y días para morir,
incluso hay días
en que quisiéramos morir
pero la muerte ni siquiera
reconoce nuestra existencia,
como si de una eterna
pesadilla se tratara,
que ni nos deja ser,
ni nos destierra.

Todo se cayó,
ya no hay nada,
nada de nada quedó
y sin embargo,
uno sigue estando.

Y ese absurdo
momento de existencia,
en ese presente

que es lo único que queda,
en que la vida te pide, te grita
que la vuelvas a llamar
por su nombre, vida.
Que renombres todo,
pues hoy el sentido
se pierde en tu vacío;
que vuelvas a escuchar
a los pájaros cantar,
y te vuelvas a maravillar
ante el árbol que crece,
ante el niño que nace,
y la flor que colorea montañas.

No es fácil, no.
Pero no importa
cuántas veces te caigas
si te vuelves a levantar,
ni cuántas llores,
si vuelves a sonreír,
ni que tengas coraje,
porque puedes volver a amar.

Sí se puede,
hoy me atrevo a decirlo,
renombrar a la Tierra entera
y volver a dar sentido
a esa vida que hoy te queda.

9 de enero de 1999

SABES...

Sabes que todavía te extraño,
sabes que todavía te siento,
sabes que a veces
en el intento,
se queda una lágrima suspendida
en su movimiento.

Sabes... ¿Tú qué sabes
de estos momentos
en que se congela mi alma
y me grita que estás dentro?
¿Tú qué sabes? Si te fuiste
y ahora eres parte de ese todo,
ya no perteneces a un absurdo tiempo
que le cuesta seguir pasando
dejándome simplemente siendo.

Todavía a veces redescubro
que ya no estás aquí,
y me adentro en ese inconmensurable
vacío de mis piensos,
que con lágrimas y suspiros
voy volviendo a llenar.

¿Quién me duele?
¿Qué te extraña?

Quiero desgarrarme el habla,
para gritarte que no importa
haberte regado por los campos abiertos,
ni que con tus cenizas hayas abrazado
árboles y flores vivas.

Hoy te quiero decir
que a pesar de que hayas dado
sentido a mi vida con tu partida,
todavía extraño
escuchar tus pasos este día.

18 de febrero de 1999

VIDA

Vida, si te entendiera…
tal vez lloraría con más risas
y sonreiría con más lágrimas.

Tal vez, Vida,
si comprendiera más
tus sencillos misterios,
dejaría de buscarte sentido
y simplemente
besaría tus cotidianos detalles.

Si me permitiera
morir más seguido
quizá dejaría de preocuparme
por ese supuesto final,
y entendería que tú y la Muerte
son añejas compañeras de viaje,
que no va una,
si la otra no pagó el peaje.

Si te entendiera, Vida,
tal vez dejaría
de escribir estas letras
y tan solo las sentiría,
no tendría miedo al dolor
ni a la incertidumbre

del día a día,
dejaría de esperar,
de tener expectativas,
y abrazaría cada instante
para darle la bienvenida.

A fin de cuentas,
¿quién existe
entre la Vida y la Muerte
si no uno?

18 de febrero de 1999

UN INSTANTE DE FE

Un instante de fe bastaría
para lanzarme al apasionante
abismo de la vida,
para dejarme caer
en su indecible existencia,
sin esperar siquiera
sentir el vértigo
de la insondable caída,
ni el aire que la acompaña,
ni el miedo que creo me daña.
Sin esperar ver el sol,
ni la salida, ni la solución,
ni la estúpida ironía,
ni pretender entender
al hombre, ni al dolor,
ni a la poesía.
Para poder así, caer libre,
de todos, de todo, de mí.
Y poder entonces sí,
sentirlo todo,
vivirlo todo,
amarlo todo,
y lograr hacerme uno
con el principio y el fin,
en ese instante de eternidad,
en el que ahora me encuentro.

13 de abril de 1998

CONVERSACIÓN CON UN «LUCERO»

Tropezando con mi tristeza me encontré con un Lucero que al detenerse en mis ojos me preguntó:
—¿Qué dolor guardas dentro?
—He perdido a ese ser que quiero y no puedo comunicarme con ella. Si tan solo la muerte cerrara mis ojos, podríamos reencontrarnos otra vez.
—¿Y cómo piensas reconocerla en la otra vida? Pues ya no tendrás ojos para verla, ni manos para tocarla, ni voz para hablarle, ni oídos para escucharle.
Con mucha certeza respondí:
—Simplemente voy a saber que es ella, nuestros seres se van a reconocer y con las mentes nos comunicaremos.
—Para eso no tienes que esperar tu muerte, lo puedes hacer en este instante presente.

10 de diciembre de 1998
Diálogo mío reproducido
durante mi acompañamiento de duelo.

TIEMPO

Sigues andando
y nosotros seguimos estando.
Te reconocemos con un «ayer»,
con un «mañana»,
pero en verdad
es solo «hoy»,
donde coincides
con nuestra existencia.

Inamovible,
inherente a la historia,
sigues tu infinito curso
en este mundo,
dejando tras cada instante,
tu huella de caminante.

A veces te creemos aliado,
otras un enemigo más,
y sin embargo
tú no haces nada,
te limitas a estar.

Y solo en esos momentos
cuando creemos
tocar la eternidad,
sentimos que te cortamos

con el corazón y el alma,
pensando
que te detienes ante nosotros,
juegas entonces
con nuestra ilusión
y con tu risa
sigues pasando.

Tiempo de este mundo,
¿quién te detiene?
¿Quién te ha visto jamás?
Y sin embargo,
todos te sentimos pasar.

Tiempo, ¿de verdad existes?
¿O es nuestra ilusión
la que juega con tu andar?

ENTONCES QUIZÁS

Si cuando cae una lágrima
    puedo sonreír,
si al llorar la Tierra
    no me lamento con ella,
si cuando alguien me grita
    le contesto con mi silencio,
si en la soledad
    siento mi compañía,
si siento que al darlo todo
    no he perdido nada,
si todavía puedo suspirar
    al caer el sol,
si la luna aún
    me invita a soñar,
si puedo amar
    sin aferrarme a ti,
si me atrevo
    a soltar el rencor,
si soy capaz
    de liberarme de mis expectativas,
si creo que detrás de una gran tragedia
    se esconde mi mayor aprendizaje,
y si en lugar de juzgarte
    te abriera los brazos.

Entonces quizás hoy al cerrar los ojos
recordaré quién soy, y al despertar veré,
    que nada ha cambiado,
       solo que todo es diferente.

GRACIAS

Hoy me atrevo a dar las gracias,
no por lo que he recibido,
sino por lo que me ha sido quitado.

Por la ilusión arrebatada,
porque se fue la persona amada,
porque por la muerte me sentí robada.

No es que quiera vivir de vacíos,
ni de pedazos arrancados,
ni de duelos interminados,
ni de sueños asesinados.

Pero de verdad creo
que uno vive intercambiando,
que lo que hoy tengo no es mío,
y aquello que parece tuyo
mañana se fundirá en el aire.

Yo creía que tenía,
y por eso es que perdía,
en cada cambio
de esta «estúpida» vida.

Ahora sé que solo pierdo,
cuando en el tiempo suspendo

un instante de este día,
y olvido dejar fluir
su eterna cambiante melodía.

La muerte es simplemente el avance, el paso delante de quien sigue su camino. No nos separa un abismo, es tan solo un largo e inexplicable instante o un pequeño momento que a nuestro corazón se le antoja eterno, pero es solo un llegar anticipado.

En esencia nada ha cambiado, aunque todo parezca diferente. El peregrino en avanzada solo se ha transformado en nuestros piensos, nuestros silencios, en dibujos de nuestra mente, en recuerdos latentes, en presencias calladas pero fuertes, contundentes, que no se escapan al momento, sino que tiñen el corazón.

El cuarto de al lado, el vagón de enfrente, el panteón: la casa de todos... Hacia allá vamos —o de ahí venimos—, caminando cada día, para reencontrarnos sin habernos distanciado y en ese ir y venir de pasos, de historias, de dudas, de vidas y muertes, está el hoy que simplemente nos susurra... seguimos unidos, aunque lo dudes, aunque lo llores y aunque no lo creas. Seguimos unidos, sin mayores protocolos, solo llámame por mi nombre y sigue conmigo estando hoy y siempre.

noviembre de 2012

PERDONAR.
Recopilación de lo que he aprendido sobre el perdón

Perdonar es darse un regalo a uno mismo, es dejar ir el rencor.

El rencor es tomarse un veneno, esperando que le haga daño al otro.

Perdonar es soltar. Dejar ir la esperanza de que el pasado cambie.

Perdonar no es decirle al otro que lo que hizo no importa, ni eximirlo de su responsabilidad, ni justificarlo, ni que se salga con la suya, ni que tenga que estar bien con esa persona, ni que me dé gusto verla (eso último es reconciliarse, no perdonar). Perdonar es simplemente liberar ese odio que me está matando a mí —y solo a mí, lo más seguro es que el otro ni esté enterado— para darle lugar a la paz.

Queremos «castigar» al otro a través de no soltarlo y solo nos hacemos daño a nosotros mismos.

La mejor «venganza» es el perdón. El gran poder del perdón y sus beneficios residen en la víctima.

Perdonar es dejar de regalarle mi tiempo, mis pensamientos y mi energía a quien no quiero o a lo que no quiero. Es quitarle el poder a eso que una vez me lastimó.

El perdón es un acto de empoderamiento, porque dejo de tomar el papel de víctima. Suelto, para que cada quien responda por sus actos ante uno mismo. Y al dejar ir al otro, me recupero a mí. Perdonar es liberarme, es continuar mi camino conmigo mismo y no cargando a los que odio o a lo que odio de mí ni recuerdos que me dañan. Es recoger el poder que en un momento le cedí a esa persona, para que se instalara en mi mente y me quitara energía al recordarla.

En la medida en que me niegue a perdonar a mi ofensor, estoy unido a él o a la situación dolorosa, en donde mi mente toma un papel importante y me puede someter a sufrir de forma prolongada por algo que ya no puede ser cambiado.

No puedo olvidar, pero sí decidir dejar de darle vueltas en mi cabeza. Perdonar no cambiará tu pasado, pero sí puede cambiar la percepción de tu pasado e influir en tu futuro. Cuando perdonas puedes ir al pasado y regresar ileso.

Perdonar no es olvidar, es recordar sin coraje.

En la vida existe un equilibrio, de alguna manera «todo se paga» (ley de causa-efecto), perdonar es dejar ir ese aferramiento a querer ser yo quien le cobre al que me hizo daño, ya se encargará de eso la vida y tal vez, muy probablemente, yo ni me entere.

El perdón es una profunda decisión personal. En última instancia el perdón termina teniendo poco que ver con lo que me hizo el otro, porque se trata de un trabajo interior de liberar. Por tanto es importante reenfocar la dirección hacia adentro, donde realmente está el trabajo que tengo que hacer para recuperar mi paz.

Perdonar es abrirme la puerta a otra forma de vivir. El poder de la gratitud activa la energía positiva. Cuando logro dar las gracias, incluso por lo negativo o doloroso que me sucedió, es porque veo detrás un aprendizaje. En última instancia, si lo único que le tengo que agradecer al otro es haberlo perdonado, esa persona me enseñó lo más grande: a perdonar.

Por eso no hay mejor regalo para mí mismo que perdonar.

Incluí esta recopilación que hice sobre el perdón en este libro porque a veces resulta crucial perdonar para poder resolver un duelo.

Sin embargo, es importante mencionar que no se puede llegar al perdón si antes no se reconocen y se viven los sentimientos que se generan en torno al rencor, como el enojo y la tristeza. Una vez que uno los acepta y se permite sentirlos validándolos sin juicio, entonces se puede pasar al perdón. Si uno trata de perdonar antes de sentirlos, es saltarse etapas del proceso y no se logrará soltar.

Por último, quisiera dejar en claro algo que se dice mucho y en lo que no estoy de acuerdo. Dicen que para perdonar hay que olvidar. En mi opinión, solo olvida la persona a quien le da Alzheimer o alguna otra circunstancia que afecte al cerebro y eso no se lo deseo a nadie. Cómo voy a olvidar algo que en su momento me dolió tanto. Eso no es posible.

Pero para ejemplificar mi punto, cito a este autor que lo deja muy claro:

«El olvido, el olvido no es amnesia, lo que se va a olvidar es todo el proceso del duelo en el que establecí el contacto con la emoción, desahogué la emoción, olvidar el sufrimiento de cuando todavía no comprendías, como la mujer que olvida el dolor del parto, en el olvido se pone toda esa parte del proceso del duelo, que fue dolorosa, porque lo que quiero recordar es el agradecimiento y la liberación».

Alfonso Ruiz Sánchez[28]

---

28. Ruiz Sánchez, Alfonso. *Semiología de la vida cotidiana. Manual del curso La Muerte* (1993), p. 23.

Epílogo

Hablar de la muerte es complicado, porque aun siendo lo único seguro que tenemos, no sabemos a ciencia cierta qué hay detrás. Por tanto, es el gran misterio, la gran pregunta, el gran vacío.

Como dije en un principio, aquí expreso vivencias y algunas creencias que solo resultan intentos honestos, aunque sé que pequeños, de entender este paso por el mundo.

Cuando estaba a punto de hacer las últimas revisiones de este libro, me senté frente a la computadora y la encendí para terminar de afinar el borrador. Entonces me pasó algo que nunca me había sucedido. Cuando prendí la máquina, hizo el ruido que normalmente hace, pero la pantalla permaneció negra. La reinicié varias veces y resultó lo mismo. Entonces me reí ante la ironía y dije: «¿De verdad hoy te tenías que descomponer?».

En medio de mi frustración, recordé que en el libro yo había escrito: «Es uno quien da sentido a las cosas» (y mientras eso me ayude y no afecte a nadie ni a mí, es válido). En un acto de tratar de ser congruente con todo lo que había escrito, decidí no amargarme ante la desconcertante situación que se me presentaba y darle la explicación que me fuera más conveniente. Cierto que a veces me sirve observar lo que me pasa y utilizarlo para entender la vida. Así que eso traté de hacer.

Quité el teclado, apoyé mis brazos sobre la mesa y me quedé fijamente mirando la pantalla. Era demasiado extraño lo que me pasaba, cuando más necesitaba que me respondiera la computadora, porque yo había quedado de entregar el borrador final al día siguiente, me topé con la negrura. Así que le pregunté al monitor:

¿Por qué ahora? ¿Por qué está el foco azul prendido, estás vibrando, pero lo único que veo es un negro absoluto? Sí, me estoy frustrando un poco y no sé qué hacer (por eso mejor estoy escribiendo). No hay ninguna imagen frente a mí, no hay luz, no veo nada. ¿Dónde quedó mi libro? Ahora qué hago, lo que tenía planeado cambió. Ahí adentro está mi libro (casi terminado) y yo estoy afuera, escribiendo esto en un papel, tratando de introducirme a la negrura que tarda más tiempo del que quisiera.

Sin embargo, en medio de esa pantalla, empecé a ver mi reflejo. Conforme más me acercaba al negro, más me veía. **Me busqué en ese vacío**. Sabía que ahí en esa oscuridad estaba lo que necesitaba, pero no sabía cómo entrar. El efecto fue que me detuve, paré, no podía hacer nada más que mirarme reflejada.

De pronto me di cuenta de que el ejemplo era perfecto. En un proceso de duelo eso sucede, llevo una inercia de vida y de pronto debo parar en seco y todo se vuelve negro. No queda más que adentrarse en el abismo, vivirlo y soltarlo todo. Porque lo que necesito aprender está ahí, en ese dolor, aunque no vea nada. Tengo que permanecer un tiempo en la negrura para entender que de momento no hay colores, aceptar que el negro es parte de la vida y que a veces me toca estar ahí. Puedo decidir enojarme y frustrarme, aunque eso no me va a dar colores, o puedo aceptar esa pantalla y quedarme ante ella a vivirla.

Pero siempre tendré un referente, una luz, en este caso fue mi reflejo; siempre me tendré a mí y la esperanza de que se prenda ya el monitor porque mañana necesito entregar el borrador final, pero tal vez le faltaba esta clara imagen al libro, en fin, yo decido cómo veo las cosas.

Finalmente, la pantalla no se encendió. A veces es necesario buscar respuestas en otro lugar, moverse. Afortunadamente sí tenía un respaldo del libro, como en la vida también tenemos respaldos; algunos nos han sido dados, otros los hemos construido. Son los amigos, la familia, ciertas creencias, decisiones oportunas, incidentes fortuitos que nos brindan ese apoyo. Ahí están, solo hay que recordarlos y prestarles atención.

Me permití tomar este ejemplo real que me sucedió para ejemplificar que cada uno de nosotros decidimos cómo vivimos lo que nos pasa. Si fluimos con lo que nos sucede, aceptando lo que venga o si evadimos o nos peleamos con la realidad.

Al final me quedo con que, para aprender, a veces hay que desaprender; para tener, a veces hay que soltar; y para tratar de entender, a veces hay que navegar en las paradojas.

Tal vez en este camino me quedó claro algo: que sé tan poco. Que finalmente con esta mente podemos entender solo ínfimas pinceladas de la vasta realidad que somos, y que el misterio de la vida y la muerte son tan grandes que solo queda seguir viviendo, pero que eso ya es mucho.

Agradecimientos

Quiero agradecer a mi mamá por haberme inspirado en el camino del servicio y por todo su ejemplo de vida. A mi papá, por su silenciosa y cariñosa presencia. A ambos por darme uno de los mejores regalos: mis hermanas. A ellas: a Gisèle por su constante apoyo, sin ti la vida no sería igual; a Nadine, porque me diste tanto con tu vida y con tu muerte y porque sin ti no existiría este libro.

A Lucero, por haberme acompañado con tanto cariño a pasar el duelo de manera consciente y profunda para encontrar la paz, y por haberse tomado el tiempo de revisar el contenido de este texto.

A mi tía Toña, por ser mi maestra de vida y confidente.

A Ramiro F., porque gracias a que me enseñó a meditar y a su apoyo, el camino ha sido mucho más claro y con mayor conciencia.

A Gretchen, a Benjamín y a Mariana Chávez, por ayudarme en mi segundo duelo con sus enseñanzas.

A Eugenia R. (Yuyin), porque con sus palabras me alentó a escribir y publicar este libro.

A Federico Fabregat por todo su apoyo, por creer en el proyecto y por la maravillosa idea de portada del libro. A Gerardo Moya, mi primo, por tener la paciencia de revisar y corregir el primer manuscrito. A Gerardo Lammers por sus sugerencias y su guía en esta obra.

A Felipe Ponce, a Cecilia Lomas y a todo su equipo, por el apoyo editorial en las primeras publicaciones. A Cecura (Lucero, Tere y Silvia), Ceci Ramírez, Karen Nathal, Heidi Wäckerlin, Mar Gutiérrez, Ana Carmen Navarro y Katia Vázquez por haberse ofrecido generosamente como mis puntos de venta en los primeros tirajes. A Larisa Curiel por haber creído en mi libro e invitarme a ser parte de Ediciones Urano.

A Rosa Montero, quien fue parte de la inspiración de este libro, y quien se tomó el tiempo de leerlo y regalarme una hermosa frase. A las personas que me obsequiaron sus bellas palabras —Lucero, Anuschka, Laura, Norma y Ana Paula— que quedaron plasmadas en la contraportada y la solapa, compartiendo su experiencia de leer el manuscrito.

A cuatro personas muy generosas que me prestaron el dinero para poder autopublicar la primera edición de este libro: Sofía y Lorena Hernández, Cristina Vázquez y Xavier Moya G.

A las amigas que Nadine nos heredó, porque nos dejó con ellas un gran regalo.

A mis hijos que amo, Juan Pablo y Mariana; y a Claudio, mis grandes maestros en esta vida.

Por último, a mi entrañable familia y a mis maravillosos amigos, que estuvieron presentes en ese duro momento de mi vida; y también a quienes han tenido la dedicación y el cariño de estar ahora (entre otros: las 40 Naranjas, mis Brujitas, las del Cervantes, los del Kibbutz, los del Tec, las del Psico, las Villamelonas y los Chikuneros). Sin ustedes mi vida sería gris, gracias por llenarla de color.

¡Gracias inmensas por siempre! Porque quien está presente en esos momentos trascendentes jamás se olvida.

Yo escribí este libro en primer lugar para entenderme, para aclarar lo que estaba viviendo.

Ahora te dejo a ti estas hojas en blanco, como una invitación a escribir lo que tú sientas, lo que piensas, lo que descubras en ti, lo que te quieras explicar, lo que tu voz quiera plasmar. Al final, el camino es muy personal; las palabras, pensamientos y reflexiones que aquí plasmes, hoy serán para ti, pero tal vez mañana le sirvan a alguien más.

ר ר ר ר ר ר ר ר

Datos de contacto

FB: Tanátologa Chantal Mas
Página web: www.tanatologachantalmas.com
Correo electrónico: chantalmas71@gmail.com
contacto@tanatologachantalmas.com
YouTube: Tanatóloga Chantal Mas

ECOSISTEMA
DIGITAL
NUESTRO PUNTO DE ENCUENTRO
www.edicionesurano.com
2 AMABOOK
Disfruta de tu rincón de lectura y accede a todas nuestras novedades en modo compra.
www.amabook.com
3 SUSCRIBOOKS
El límite lo pones tú, lectura sin freno, en modo suscripción.
www.suscribooks.com
DISFRUTA DE 1 MES DE LECTURA GRATIS
1 REDES SOCIALES:
Amplio abanico de redes para que participes activamente.
4 APPS Y DESCARGAS
Apps que te permitirán leer e interactuar con otros lectores.
iOS